Liz Scholz (Pseudonym) · Australische Liebesergüsse

Liz Scholz

Australische Liebesergüsse

Eine erlebte Reise

Weishaupt Taschenbuch Verlag

ISBN 3-900310-31-9
1. Auflage 1986

Gesamtherstellung: M. Theiss, A-9400 Wolfsberg.
Printed in Austria.

Landung in Sydney

Nach circa vierundzwanzig Stunden — bei acht Stunden Aufenthalt in London, Athen und Dubay — landeten wir mit British Airways erster Klasse um 6,00 Uhr früh in Sydney. Ich trug — wie meistens — ein weißes Jerseykostüm mit demselben Jäckchen, mit zweifach grüner Einfassung an Hals und Rocksaum, und um den Hals hatte ich mein Amulett, eine St. Andrew-Münze 1914 und ein weiteres goldenes Kettchen mit sieben Golfanhängern bzw. Emblemen. Jedesmal, wenn ein Golfer mich nach dem Emblem fragte, antwortete ich exactly: *„For every handicap I got one from my husband."* So war es auch, denn mein Mann schenkte mir bei unseren Golftrips, zumeist in der Schweiz, eines der bezaubernden kleinen Erinnerungsstücke, wenn wir in einem der stets wunderschönen Hotels nächtigten. Abgesehen davon hätte ich mir auch ohne Golf ein güldenes „Etwas" erliebt!

Meine Schwägerin — indessen bescheidener als ich — wünschte sich als Mitbringsel einen aus einem Stück Holz geschnitzten harmlosen kleinen Wurzelsepp, den man in Australien ja kaum kennt. Beim Onkel meiner Freundin, einem sehr bekannten oberösterreichischen Wurzelschnitzer, hatte ich bald etwas für meine Begriffe gefunden. Nun, nach meinen stets überdimensionalen Angaben wurde dann aus dem kleingewünschten Wurzelsepp ein ganz stattlich anzugreifender Sepp. Selbst ich traute meinen Augen kaum, als ich dieses Ungetüm von der Wand nahm und an meine kleine Brust hielt, wobei der Schnitzer meinte: *„Eigentlich hat sich eine berühmte Persönlichkeit dieses so ganz nach der Natur gebogene Stück schon bestellt – eine berühmte Dame aus dem Showgeschäft."*

– *„Lachhaft!"* Nach einigen seiner selbstgebrannten Schnäpse nahm er das Ungetüm, drückte es mir in den Arm und wechselte die Zettel der vorbestellten Figuren. Bei derartigen Schnäpsen konnte ja niemand mehr erahnen, welch hölzernen Seppen er bestellt hatte!

Viel, viel schlimmer lag nun der mir noch bevorstehende Fall, da ich ja meinem Mann die für seine Schwester erstandene Wurzelfigur vorzeigen mußte. Nicht der Bezahlung wegen, sondern wegen der Übergröße, der Platzeinsparung und des Holzeinfuhrverbotes ärgerte er sich, zumal ihn der scheußliche Blick dieses fast ein Meter großen Wurzelsepps keineswegs erfreute. Es würde zu Gewichtsschwierigkeiten, Schmuggelverdächtigung und anderen Widerwärtigkeiten kommen, schrie er mich an.

Zoll und Groll beschäftigten mich die ganze Nacht. Obwohl ich vielleicht teilweise schlief, träumte ich nur von Verpackungsutensilien wie Plastikpapier, Schaumstoffteilen, einem passenden Karton und einem gut aufgelegten Mann.

Mit Beihilfe eines vollen Liter Weines packten wir das australische Mitbringsel gemeinsam behutsam ein und schliefen danach — vom Wein angeregt — gleich in der Nähe der Pappschachtel samt Wurzelsepp wieder versöhnt dem frühen Nachmittag entgegen, bis uns der Hunger weckte.

P. S.:
Natürlich mußten wir beim Zoll in Sydney den Pappkarton öffnen, aber beim Anblick dieses Scheusals debattierten die Zöllner noch einige Zeit mit ihrem Chef und letztlich ließen sie uns, unterstützt von einem mittleren Augenaufschlag meinerseits, durch.

Meine liebe, blonde Schwägerin hatte gleich für die nächsten Tage über Christmas in Avoka Beach, in der Nähe von Sydney, ein ihr zwar nicht bekanntes, jedoch sehr reinliches Unit von Engländern, hundert Meter von der Beach entfernt, bestellt.
Wir fuhren auch gleich zu den „Pommies", um den Schlüssel abzuholen und übersiedelten mit allem Gepäck, untergebracht in Gerts Wohnmobil, noch am Tag unserer Ankunft, denn ihr eigenes vollklimatisiertes Ziegelhaus in Sydney war bereits leer und zum Verkauf angeboten.
Sie wollten uns als weihnachtliche Überraschung gleich in dieses ihnen bestens empfohlene Pfahlhaus am Meer bringen und mit uns zusammen Christmas bei Ebbe und Flut verbringen. Das schwere Gepäck meinerseits, der Streik am Flughafen und meine Aufregung störten meinen Schwager keineswegs, er war stets besonders ruhig. Höchstens ich hätte einen Fisch gefangen, doch dies passierte auf unserem weihnachtlich gemieteten Platz, gleich vorausgeschickt, auch nicht. Oder er ärgerte sich eine Minute lang über meine spontane, etwas lautstarke Äußerung, als wir endlich unter dem gemieteten Pfahlhaus standen: *„Na, dieses alte Haus von Rocky-Tocky, das mag wohl eine Putzangelegenheit werden!"*
Wir öffneten erst einmal die Tür, und wie ich den Blick meines Larson sah und seine Schwester die Nase rümpfte, war es mir fürs erste klar: *„Gert, zwei Flaschen Campari, Mineralwasser, Zeitungspapier und einige Putzmittel, und bald haben wir die beiden Blonden geschafft!"* Und so war es auch. Gleich unten an der kleinen Poststation gab es alles, was unserem Putzanlauf vorerst genügte. *„Du machst die Küche samt Rieseneisschrank* (schließlich waren die Verleiher neunköpfig), *das mörderische Bad samt Brause und die Outside-Toilette"*, meinte er, *„während ich mich an*

die lange Fensterfront, zwar mit herrlichem Ausblick, mit Wasser und Spülmitteln und dem vielen Zeitungspapier zum Trocknen und Glänzen heranmache."
O. K.
Als wir zurück vom Einkauf kamen, lag jedes der Geschwister bereits in ein Leintuch auf der ums Eck gehenden langen Liege eingerollt und murmelte sich in den Nachmittagsschlaf. Alex, der Sohn, baute auch schon seine erste Burg am Strand, und wir beide prosteten uns einen Putzteufel an!
Nach gut zwei Stunden war alles soweit oberflächlich in Ordnung, daß wir wieder damit anfangen konnten, neue Unordnung hineinzubringen. Unser einzigartiges, geradezu zur Liebe aufforderndes Schlafzimmer war natürlich noch im Urzustand, und während der sechs Nächte, die wir dort schliefen, ließen es sich die Spinnen oberhalb, zwischendurch und unterhalb weiterhin gut gehen. Wir lebten ohnedies ohne einen einzigen Kleiderhaken nur aus dem Koffer. Wohlgemerkt, dies ohne Streit, was später in den vornehmeren australischen Gegenden, die es ja auch gibt, nicht geschah.

Aber mein Schwager und ich hielten uns an das dortige Manifest: *„Don't worry."* Er selbst war stets schon morgens um 5,00 Uhr früh beim Fischen, Alex baute in der Nähe von Dad seine Sandburgen, die Geschwister kümmerten sich um die eß- und trinkbaren Genüsse, ich wusch das Geschirr und reinigte das Badezimmer, in das man wiederum nur durch unser spinnenumwobenes Schlafgemach kam und machte mich frisch und mit Kämmchen und Schleifen recht bunt für die Beach zurecht. Zumeist saß ich schon ganz früh auf der Steinbank unter einem riesigen rosa blühenden Oleander, um mir selbst nach Österreich Briefe zu schreiben und mir somit ein Tagebuch zu ersparen; denn wenn man dann gesund und glücklich wieder zu

Hause eintrifft und die Briefe liest, denkt man auch an Tage, die manchmal vielleicht nicht so glatt über die Bühne liefen, wie man es sich wünschte.

Eigentlich war unsere Einteilung ganz gerecht. Manchesmal gab es Unstimmigkeiten um die Erstbesetzung unserer einzigen Toilette, die noch mit einer eigenartigen Wasserpumpe bedient werden mußte. Um mich nicht stören zu lassen, habe ich aus einer Postkarte ein gustiöses Bikinimädchen in Herzform ausgeschnitten, eine hübsche große Schleife durch den Herzbogen gezogen und auf die Rückseite *„don't disturb"* geschrieben, und so wurde ich wenigstens während unseres Rocky-Tocky-Aufenthaltes beim Duschen, Zähneputzen und den vielen anderen Sachen nicht gestört, außer daß durch leises Anklopfen, als Bitte, durch unser Spinnenkabinett gehen zu dürfen, unser leichter Schlaf bisweilen unterbrochen wurde. Davon spreche ich gar nicht. Geliebt haben wir später!

Christmas Day

Diesen Morgen suchte jeder nach Einpackpapier und Schleifchen für die kleinen Weihnachtsgeschenke und allen möglichen Krimskrams, bis die Hektik meiner Schwägerin immer störender wurde und ich dann sagte: *„Laßt mich nur die Weihnachtssachen vorbereiten, fahrt mit Alex in den nächsten Ort, besorgt die letzten Kleinigkeiten und holt Michael ab"*, den zweiten Sohn, der von Sydney von der Arbeit kommen sollte. Susan atmete auf, denn die Kinder waren doch der Mittelpunkt am Christmas Evening. *„Wenn ihr um 17,00 Uhr zurück sein werdet, machen wir zusammen alles langsam."* Als sie immer noch herumgestikulierend ins Auto stiegen, begann ich den verdammten Plastik-Christmas Tree zusammenzusetzen, natürlich mit Hilfe Larsons, und schmückte ihn so voll, um dem größten Kitsch gerecht zu werden. Ich deckte den Tisch mit einer mit einem Weihnachtsstern verzierten Plastikdecke, stapelte die Servietten auf einen Teller auf einem kleinen Tisch neben dem Haupttisch und gab die Gedecke und das Besteck samt Gläsern, so vorhanden, dazu.

Larson und ich gingen dann nochmals den Strand entlang, etwas traurig so fern der Heimat, ohne Schnee und dem gewohnten Weihnachtsbaum. Doch alles mußte man einmal mitgemacht haben. Einige Male tauchten wir noch im Meer unter, doch die Lifesafeguards zogen schon ihre Fahnen ein und machten Schluß für Christmas Evening. Larson sah dann plötzlich noch in der Nähe unseres Tagesliegeplatzes hinter einigen Eukalyptusbäumen und anderen Sträuchern

einen großen, beinahe seeartigen Teich, wo sich noch einige Badehungrige tummelten. Von einem Farmerhaus auf der anderen Seite wurden von ganz aparten jungen Mädchen Pferde zum Teich her getrieben. Da machte Larson noch ein Foto von einer Dame mit einem Jungen. Wir lachten bis zur Ermüdung, weil sie mich auf ein Pferd hinaufsetzen wollten, was ihnen aber nicht gelang. Das Pferd war wild und besessen, ins Wasser zu kommen, doch der kleine Junge hielt sich am Pferdeschweif fest, und mit einem Sprung stürmte es mit dem Jungen in den Teich. Ich sprang hinterher. Es war ein warmes, schmutziges Wasser, und ich dachte einen Augenblick an Krokodile. Ich tauchte einmal auf, sah die Lady schreiend davonrennen, meinen Mann bittend, mahnend *„help him, keep him, it's on you. I can't dive."* Meine Taucherkünste waren wohl nicht die schlechtesten, aber meine Angst vor Unterwassertieren und den Pferden — ich weiß nicht, wie ich die Kraft fand, in dieses schlammige Wasser nochmals hinunterzutauchen. Die Pferde waren bereits schon an der anderen Seite im Galopp zur Koppel hinauf unterwegs. Ich zog meine lila Schleife mit einem weiteren Knoten fester, blickte zu Larson und dachte an Gott. Beim Sprung in die vermutete Stelle erwischte ich tatsächlich den Arm oder den Fuß des Jungen und zog ihn vorsichtig, so daß er mich nicht umklammern konnte, selbst kaum mehr meines eigenen Lebens bewußt, rücklings aus dem Teich. Beide blieben wir total erschöpft am Ufer liegen. Die Neugierigen nahmen ihre Tücher und verschwanden.
Larson lächelte mich stolz an, und als er die Lady und den Farmer uns entgegenrennen sah, verabschiedete er sich kurz und meinte auf deren Einladung zu einem Drink, *„nehmen Sie meine Frau mit, sie hat es verdient, sie wird den Weg zum Rocky-Tocky bestimmt nicht verfehlen. – Und ja, Merry Christmas."*

Ich nahm gerne an. *„In einer Stunde, Larson, bin ich zurück."* Ich glaubte, er freute sich über meinen Mut. Mein dünnes Chiffontuch hatte ich immer noch im Oberteil meines Bikini stecken, aber alles war voller Schlamm. Ich stieg leicht hüstelnd die Koppel bis zu ihrem Haus hinauf und nahm auf einem der Rohrstühle der Veranda gerne Platz. Vorerst kümmerten sich die Eltern um ihren Sohn, doch bald kam der Chef des Hauses mit einem Tonicwater und bot mir eine Shower an, um mich für den Spaziergang über den Sand bis Rocky-Tocky wieder frisch zu machen. Wir waren den Herrschaften, nach der Beschreibung des Pfahlhauses, eines Pommies nicht gut genug. Ich trank das Tonicwater und benutzte die mir angebotene Dusche. Als er mir, den Vorhang beiseite schiebend, ein sehr großes Badetuch reichte, wurde mir klar, daß es nicht sein Junge war, sondern die sogenannte Lady bei ihm Reitstunden nahm. Wohl bewußt war mir auch, daß ich für diese Liebschaft beinahe mein Leben gab. Und das ärgerte mich. Ich wollte dies nicht unbewußt, belächelt am Heiligen Abend umsonst getan haben. *„Come in, I am wet from top to toe. Ich möchte mich dem starken Mann zeigen, der eine schwache, zudem europäische Frau, ins Krokodilwasser tauchen läßt, um den Sohn seiner momentanen Freundin zu retten!"* Sein schwarzer Tanga fiel herab, und ein Pferdeschwanz stand mir gegenüber. *„Ja, deine Augen sind grün wie die eines hinterlistigen Krokodiles, aber der Teil unter deinem Nabel scheint furchtlos zu sein!"*

„Heute ist Christmas, in Europa ist es ein Tag der Liebe und Freude. Ich habe dir, deinem Weib oder Nicht-Weib den Jungen gerettet. Come on and love this part." Er tat es, und er war sichtlich besser als alle seine Hengste im Stall. Um seine Ängste machte ich mir keine weiteren Sorgen.

Dann, als ich mich verabschieden wollte, nachdem ich meinen feuchten Bikini wieder angezogen hatte und meine lila Schleife in die Hand nahm, begleitete er mich über den noch immer heißen Sand bis zur Post. Alex winkte schon vom Rocky-Tocky. Der „Hengst" und ich küßten uns nach vornehmer französischer Art: *„Merry Christmas!"*

Ich zog meine lila Shorts mit einem weißen, lila beschrifteten T-Shirt an und ließ meine Haare in der Sonne auf der Terrasse trocknen, abwechselnd mit Alex und mit Michael, den ich ja noch nicht kannte, plaudernd. Doch immer noch hatte ich spielerisch schwingend meine lila Schleife in der Hand.

Dieser Weihnachtsabend begann also recht eigenartig. Die beiden Männer duschten sich unter der Rocky-Tocky-Brause, rissen dabei vor Übermut den Vorhang herunter und lachten nackt trotz unserer Proteste. Susan mußte einige Tage später wieder alles in Ordnung bringen! Alex fragte schon ununterbrochen, wann wir denn endlich die Dreikönigskränze aufsetzen dürften, denn er war auf die Santa Claus-Geschenke schon neugierig. Gedeckt habe ja ich das Eck mit Tischtuch, Bechern und Servietten. Im Diningroom, der durch eine Stehbar von der Küche getrennt war, hatte ich in der Ecke den uns ja so weihnachtlich anmutenden Plastik-Christbaum aufgestellt, und dazu gesellten sich so langsam ganz lustig verpackte Weihnachtsgeschenke. Für Susan gab es ein aus Österreich mitgebrachtes Dirndl, in blau gehalten, da es ja auch in Australien spezielle Oktoberfeste oder deutsch-österreichische Zusammenkünfte gibt und dies ein spezieller Wunsch von ihr war.
Meine Schwägerin stellte dann die eingekauften Wurstbestände, das Brot und die gesalzene Butter in der Plastikdose auf den Tisch, und plötzlich störten mich

meine lila Shorts mit dazu passendem T-Shirt auch nicht mehr. Ich ließ mir von Alex auf mein luftgetrocknetes Haar lachend den Dreikönigskranz aufsetzen. Der Stecker für die Glühbirnen des Plastikbaums war angesteckt, und das Christkind weilte — ohne eventuelles Aufschreien wie etwa *„paß auf, dort fängt die Kerze einen Ast, blas' schnell aus"*, wie es bei uns stets geschah, gleich mit dem Feuerlöscher hinter dem Vorhang — mitten unter uns. Wir gingen dann einen Sprung hinaus auf die Terrasse, um einen Blick zu den Häusern oberhalb der Straße zu werfen, und da gab es ein Lichtermeer von vielen Christbäumen auf den Veranden oder vor den Fenstern, bis wahrscheinlich in den frühen Morgen. Ich für mich fühlte an diesem Weihnachtsnachmittag nur das Brennen und Glühen der fast nicht umfaßbaren „Kerze" des Pferdebesitzers. Fest, fordernd, köstlich genommen worden zu sein, sehnte mein Blick sich noch verträumt hinauf zu der Farm.
Susan zog dann sofort das Dirndl an, und ihr lieber Bruder machte einige Aufnahmen, die, wie sich später herausstellte, prächtig gelungen waren wie auch jene von uns anderen in Shorts.
Die gesalzene Butter ging wieder durch die Runde, sie schmeckte auch vorzüglich auf dem weißen Brot, und außerdem hatte ich einen gewaltigen Hunger vom anstrengenden Nachmittag her. Wir tranken noch viel Wein und blickten immer wieder, das Glas in der Hand haltend, hinauf zu den weihnachtlich geschmückten vornehmen Häusern und hinunter zum gewaltigen Meer.
An Spinnen und anderes Ungeziefer dachten wir in dieser Nacht nicht mehr! It was Christmas and we only kissed *„Merry Christmas!"*
Ein langer Tag nach Christmas Eve stand uns im Rocky-Tocky-Haus bevor. Unsere Verwandten woll-

ten für den Abschiedsabend noch Getränke und „Pies" sowie Blumen kaufen. Für die Besitzer natürlich, damit wir ihnen das Pfahlhaus schön geputzt und „mit freundlichen Grüßen" übergeben konnten. Ich war traurig, die letzten Stunden wieder in einem Supermarket verbringen zu müssen und zudem in der nächsten Beach. Ich wollte mir doch noch anstelle des Tagebuches einen Brief schreiben und nochmals ins Wasser gehen. Mein Liebling war auch nicht so unbedingt für die Einkäufe an der nächstgelegenen Beach zu animieren, aber er konnte nicht kneifen.
So blieb ich dann allein auf der Steinbank unter dem kräftig rosa blühenden Oleander. Dort oben war ich sicher vor gefährlichen Leuten, und Eingeborene traf man da nie. Als die anderen starteten, nahm ich meinen Papierkram, einen großen Campari mit viel Eis und saß eine Weile traumverloren mit meinem pinkfarbenen Bikini und passendem T-Shirt und blickte hinunter zur Beach, zu den schon ausgesteckten Fahnen für Schwimmer und Surfer und beobachtete die Lifesafeguards. Irgendwie gefielen mir plötzlich die dichten Spinnengewebe, die sich zwischen den Wäscheleinen und Wäscheklammern sponnen, und auch der Schmutz unter dem Pfahlbau war mir nicht mehr fremd, obwohl wir den Platz unterhalb der Veranda nie benutzten. Das Auto ließen wir einfach am Hang, kurz vor der sogenannten Eingangstür stehen — und dies nicht mehr lange!
Auf der großen Straße brannten bei den hübscheren Häusern immer noch die Glühbirnen auf den Christbäumen, etwas kitschig bei der vielen Sonne, doch vielleicht ein Gefühl der Nachfreude des alten Jahres und auf ein noch glücklicheres New Year!
Australien gab mir nicht mehr den Begriff des „down under", sondern ich spürte den Puls des Lebens und Liebens!

Hinter dem Oleander, wo es komisch zwitschernde Vögel gab, gleich Zigallen, rauschte plötzlich ein Ast besonders heftig. Ich bemerkte es wohl, blieb aber dennoch sitzen und skizzierte auf meinem Blatt die Bucht mit der schon gegen Mittag stärker werdenden Sonne weiter, notierte ein paar Zeilen, harmlos, aber für mich unvergeßlich! In diesem Moment küßte jemand meinen Nacken. Ich dachte an Larson, doch er konnte noch nicht zurück sein, und in der Sekunde, in der ich mich umdrehen wollte, umklammerten mich dunkelbraun gebrannte Hände und tasteten nach meinen kleinen Brüsten. Meine Brustwarzen wurden in diesem Moment ganz steif, und es wurde mir deutlich, daß es der Pferdemann sei! Er küßte meine Arme und zog mir dabei gleich das T-Shirt über den Kopf, legte sein Badehöschen ab, und als ich diese stählerne, stattliche, gleichgebräunte Figur sah, wurde ich schwach und streifte eiligst mein Bikinihöschen herunter; ich habe ihn nicht gefragt, wie er heißt. Er tat auf der steinernen Bank sein übriges dazu, und wir taten es heiß und fest. Da habe ich noch nicht gewußt, daß ich mich an steinerne Unterlagen wie Felsen, Kies und rauhen Sand gewöhnen sollte, als er mich dankbar verließ. *„Geh' schnell schwimmen, bevor deine Crew zurückkehrt“,* waren seine letzten Worte.

Ich goß den Campari aus, klebte meinen Brief zu, band meine Haare mit der obligaten Pink-Schleife zusammen und schwebte im Oleanderrausch hinunter zur Beach. Beim Einwerfen des Briefes habe ich die „Pommie-Lady“ nochmals getroffen. *„Have a good time“*, meinte ich, doch sie warf ihre Pferdemähne trotzig hinter ihre langen Ohren. *„Snobby“*, dachte ich, blöd genug von mir, für ihren Jungen mein eigenes Leben aufs Spiel gesetzt zu haben. Ich vergaß, aber betrogen haben wir sie dennoch!

Alle kamen gut gelaunt zurück. Gert und ich putzten wieder einmal, und ich deckte schon etwas für den Abendtisch. Alles tat ich freudig in meiner noch schwelgenden Glückseligkeit. Rundherum fiel auch nichts auf.
Alle wollten nochmals an den Strand, doch Larson erklärte, er wolle den letzten Spätnachmittag in unserem spinnenumwobenen Schlafzimmer allein sein, und wenn jemand die Laundry oder die Dusche benützen möchte, sollte er von der Gartenseite aus hineingehen und unser Zimmer nicht als Durchgehraum benutzen!
Obwohl Larson und ich uns in diesen ersten Tagen in Australien körperlich kaum näher kamen, da ja stets etwas auf dem Programm stand und zudem der „Wirbelwind" Alex überall seine Winnetouaugen spähen ließ, waren wir noch gar nicht so von der Sonne erweckt.
Aber diesmal war es spinnenumwoben, geradezu dornröschenhaft und himmlich süß! Wennschon ich vormittags einen Ausrutscher gemacht hatte, dachte ich in diesem Moment nicht mehr daran. Larson war nackt, braun, smart und smoothy anzugreifen. Ich erinnere mich nur, daß ich zu ihm schlüpfte — normalerweise schliefen wir vorher, aber diesmal habe ich alle seine Hautpartien vielleicht ein wenig zu feucht geküßt, und bald schon warf er sich fordernd auf mich und kam zu mir: fünf- oder sechsmal, weil ich alles von ihm haben wollte!

Noosa Head

Für den 27. Dezember hatten wir von Brisbane aus für eine der berühmtesten Inseln der sogenannten Daydream Islands, Hayman Island, angeblich mit einem etwas verrückteren Hauch, am Barriere Reef gebucht. So fuhren wir dann mit Susan, Gert und den beiden Jungs nach Sydney zurück, um die Schlüssel abzugeben und noch einen Abend und einen halben Tag dort zu verbringen. Wir hatten bei französischen Freunden Unterkunft erhalten, und ich fand auch gleich Zeit, meinen Koffer für Hayman Island — *„fine!"* — auszustatten. Zudem verstaute ich in meinem Beauty Case einige bunte Perlenschnüre, zwei wertvollere Uhren und verschiedene Ohrgehänge, vergaß dabei jedoch, den Case zuzusperren. Wir nutzten die Zeit und fuhren mit den französischen Freunden zum Opernhaus, dessen Architektur uns überwältigte und faszinierte. Wir nahmen auch an einer Führung teil und besuchten am Abend das Tower-Restaurant, wobei besonders ich mich an all den köstlichen Fischgerichten erfreute. Der Kellner war Schweizer und freute sich, den Klang einer heimatlich benachbarten Sprache zu hören. Natürlich wurden wir deswegen speziell bedient. Er konnte zwar die Weinflasche nicht öffnen, aber mein Mann war ihm sogleich behilflich, und da erzählte ihm auch der Kellner, wie er unter einem anderen Namen und mit welchen Tricks er in dieses Top-Hotel gekommen sei. Er kam aus einer ganz anderen Berufssparte, aber in diesem weiten Land brauchte man nur tüchtig sein, um es zu etwas zu bringen.

Früh am 27. Dezember schipperten wir mit einem Dampfer zur Vergnügungsinsel Manly, wo wir wiederum nur im feinsten Fischrestaurant speisten. Manly ist ein Ausflugsort für die Städter von Sydney, mit einem Vergnügungscenter für Kinder und einer einladenden Strandpromenade. An allen Ecken gab es Pommes-Frites-Stände, und dazwischen fand man vornehme Geschäfte mit den betörendsten französischen Lingerien oder italienischen Schuhen. Gedichte der Verlockung, die sich natürlich nur die reichsten Geschäftsmänner oder Farmersfrauen leisten konnten. Meine Augen konnten sich an den verführerischen Dingen kaum satt sehen, und ich tat meinem Mann gegenüber ganz unterlegen, denn schließlich schlief ich in diesem heißen Land zumeist mit Golfsocken und über meinem Nachthemd hatte ich noch seinen Schlafrock.

Wir verbrachten im Vergnügungspark noch eine Weile mit Alex, waren dann aber ziemlich im Streß, da wir ja das Gepäck bereits nach Hayman Island durchcheckten und wir von Sydney noch eine gute Stunde Flug bis Brisbane vor uns hatten. Also ein schneller Abschied, *„bis bald in Cairns“,* der neuen Heimatstadt unserer Verwandten. Michael blieb in Sydney bei den französischen Freunden, und wir flogen, in der Hoffnung am späten Abend in Hayman zu sein, gegen Brisbane.

Die Sache sollte anders kommen. Als Larson nach dem vorbestellten Helikopterflug nach Hayman fragte, bekam er zur Antwort, daß der nächste Flug erst am folgenden Morgen starte. Wie ich dies vernahm, verzog ich mich fürs erste weiter weg entfernt von meinem Mann, schweigend, so als gehörte ich nicht zu ihm, wie stets bei Verhandlungen unangenehmerer Art. Und ich ahnte schon eine heftige Auseinandersetzung und versuchte, einer Schnecke ähnelnd, in mich verkrochen, auf einem der Plastiksessel lehnend, der Sache bzw. dem kommenden „Gewitter“ in Ruhe und Geduld entgegenzuwarten. *„Wir haben exakt gebucht, wie gibt* *es denn so etwas in der Hauptstadt von Queensland?"* – *„Ja, die Maschine ist schon voll belegt, und es gehen nur fünf Personen in den Hubschrauber, und dies ist der letzte Flug am Tag."* — Das *„Ja, dann nehmen Sie eben einen zweiten von Ihren Helikoptern!"* plärrte Larson so laut durch die Halle, daß selbst gelassene Herren ihre Köpfe von und neben den Schaltern erhoben. Ich kroch noch mehr in mich zusammen. Dann schrie er wutentbrannt zu mir herüber: *„Was jetzt?"* – *„Mein Gepäck ist schon am Flug nach Hayman!"* Die Bodenstewardeß war wegen des zornigen Gesichtsausdruckes von meinem Mann höchst erstaunt, schon fast beängstigt, denn die Australier nehmen die Dinge ja zumeist mit *„don't worry"* hin. Ich für meinen Teil mußte über das plötzlich so überzeugende Englisch meines Mannes in mich hineinlachen, denn ihm war jegliche Grammatik egal, und er belachte mich ja, indem er mich bei Freunden mit den Worten blamierte: *„Wissen Sie, bis meine Frau einen Satz grammatikalisch sich zurecht gelegt hat, starte ich schon zum Mars!"*

Vielleicht hatte er — wie stets — mit seiner Gestikuliererei und dem minimalen Wortschatz Erfolg. Er sagte: *„Dann fliegen wir eben nicht nach Hayman; nennen Sie mir die nächste Badebucht, die wir heute noch erreichen können, ohne in Brisbane, der Superstadt, übernachten zu müssen!"* Sie besprach sich ernsthaft mit ihrer Kollegin und einem Kollegen, die diese rasende Larson-Toberei mitbekommen hatten, und nannte uns — ich hatte mich inzwischen wieder zu meinem Mann gesellt — die Halbinsel Noosa Head. — *„Beautiful!"* In circa eineinhalb Stunden sollte dorthin noch ein Helikopter mit einem Buschpiloten starten. *„Aber mein Gepäck?"* – *„Wir werden sofort durchchecken, vielleicht kommt es mit dem nächsten*

Flug aus Hayman zurück.“ Ich dachte nur an meine Tiffany-Ohrringe und meine Zahnbürste. Ich verriet Larson nicht, daß ich das Schloß des Cases abzuschließen vergaß. Blödes Brisbane, aufgeblasenes Volk, dachte Larson wohl für sich. Ich ging in die Bar, während mein Mann sich mit den Umbuchungsangelegenheiten für Noosa anstatt Hayman, und dann von dort endlich nach Hayman, beschäftigte. *„Bestelle mir auch einen Campari-Soda.“* Er hatte gut lachen mit seinem „better English“, seinem blonden Haar und seiner bereits australischen Beamtenlookausstattung, die er zu unser aller Gelächter zu Weihnachten von Susan bekommen hatte: Dunkelblaue kurze Hose, weißes Safarihemd, weiße Kniestrümpfe zu seinen schwarzen Slippers — und all dies bei seinen tadellosen Beinen.

Ich mit meinen Perlen im Ohr und den Brillanten an den Fingern wollte mir ein möglichst unauffälliges Aussehen in der Lounge geben. Ich drehte die Steine auf die Innenseite der Handfläche, gab unauffällig meine imitierten Perlensteckkämme aus dem Haar und ließ mein Haar lang und locker über die Schultern fallen, denn nach den sonnigen Tagen in Avoka Beach sah ich ohnedies schon fast wie eine Eingeborene aus. Bevor Larson seinen ersten Campari zu Gesicht bekam, hatte ich schon meinen dritten! Er hatte alles bestens mit der Stewardeß erledigt und bekam auf Noosa in einem bekannten Hotel, „Tawarri Wood Shead“, auch prompt ein Apartment.

Um 17,30 Uhr erschien ein äußerst smart aussehender Buschpilot und fragte ganz lässig, ob wir so quasi seine Fracht wären. *„Yes, but my baggage must come back from Hayman first!“* war meine erste Reaktion. *„Don't worry, Lady“,* lächelte er. *„Gleich kommt eine Maschine von Hayman zurück, und so lange warten wir, sonst fliege ich morgen gegen Mittag wieder nach*

Noosa und bringe Ihnen das Gepäck.“ Er war besonders höflich, vielleicht hatte man ihn auch schon auf meinen Reisebegleiter — sprich Wutmann — aufmerksam gemacht.
Etwas mir beinahe unmöglich Erscheinendes geschah! Der Helikopter von Hayman landete, und am vordersten Platz des Fließbandes lag unser Koffer und der unverschlossene Beauty Case mit allem Schmuck. Ich atmete auf und war sprachlos!
Der Buschpilot, der übrigens bei dieser überaus großen Hitze keinerlei Transpiration zeigte, während wir andauernd unsere Stirn abtupften, nahm die beiden Gepäckstücke und trug sie hinüber zum Hubschrauberlandeplatz — wir hinter ihm her. Es kam noch eine Italienerin mit ihrem Baby dazu. Der Pilot gab uns Platz und Orders, wartete dann auf sein Startsignal und flog eine dreiviertel Stunde ohne ein Lächeln, geschweige denn ein Wort zu sprechen, nach Noosa Head. Kurz bevor wir die sandige Landebahn anflogen, meinte er nüchtern: *„Die Gefahr einer Fehllandung liegt nur im davorliegenden Krokodilcreek.“* Es war seine einzige spaßige Bemerkung während des ganzen Fluges. Die Italienerin lächelte wohl, dachte aber nur an ihr Baby, ich an Krokotaschen, und Larson sah natürlich keine Gefahr.

Unser Gepäck wurde vom Piloten selbst zum flachgebauten weißen Flughafengebäude gebracht. *„See you next time!“* Wir bedanken uns für den ruhigen Flug, und er flog sofort ohne Passagiere wieder ab. Unsere Papiere wurden von einem gemütlichen Beamten kontrolliert. Ich konnte mich eines heimlichen Grinsens nicht erwehren, denn mein Liebling sah in seiner blauen Bermuda und den Kniestrümpfen dem freundlichen Herrn sehr ähnlich. Larson fragte ihn nach einem Taxi. *„Taxi kommt in zwanzig Minuten!“*

Doch wie es der Zufall wollte, stieg gerade eine rothaarige, lustig aussehende junge Frau mit einer älteren Dame aus einem ebenfalls roten Jeep aus. Die Lady war mit echten oder falschen Perlen, Ohrringen und sonstigen Klunkern in brauner, langer Aufmachung, teils aus Leder, teils aus Seide, bespickt, und ihr doch schon faltiges Gesicht war genauso braun wie ihre Kleidung. Ich war fürs erste fasziniert, mitten im Busch eine so exaltierte Aufmachung zu erblicken! Sie wollte ein Ticket für einen bestimmten Flug an einem der nächsten Tage für ihre Tochter buchen. Nebenbei bemerkte der Steward: *„Die österreichischen Herrschaften warten auf ein Taxi?" – „O. K., setzen Sie sich hinten auf den Wagen, wir nehmen Sie gerne mit, denn bis das Taxi kommt, sind wir längst in Noosa."* Sie sprachen beide ein gutes Deutsch, und wir schwangen uns gerettet mit unserem Gepäck auf den Wagen mit der Känguruhvergitterung und ließen uns einfach den Staub der rotsandigen Straße um die Ohren und in die Augen wehen.

Als wir bei Tawarri-Apartments ankamen, gab uns die ältere Dame eine Visitenkarte. „First Noosas Boutique" stand darauf, und Larson war es gleich klar, wohin seine liebe Liz am nächsten Tag starten würde! Die Fahrerin gab uns ebenfalls ihre Visitenkarte mit der Aufschrift „Best Greece Restaurant, Noosa". Sie warf dabei ihre langen roten Haare, farblich dem Landstraßensand fast ähnlich, keck und auffordernd zurück, und Larson war sich auch in diesem Fall klar, eine Menge australischer Dollars dem griechischen Wein zuliebe entfleucht zu sehen. Was sich später auch herausstellte!

So standen wir vor unserer Lodge „Tawarri Hotel Luxury" — O. K. Die Betten standen zwei Meter aus-

einander, es gab weder einen Schlüssel für die Veranda noch für den Eingang. Hauptsache war in diesem Moment, daß sich im Eisschrank Toast, Butter und Bier befanden! Wir schlürften das Bier, schleuderten für den Anfang unsere Klamotten in die Kästen und versteckten den Schmuck in den Vorratspapierrollen hinter der Toilette, bürsteten unser sandig rotverstaubtes Haar, gingen hinüber ins dazugehörige Hotel, trugen unsere Personalien ein und aßen anstandshalber ein miserables T-Bonesteak.
Gott sei Dank erkundeten wir gleich vis-à-vis einen Friseursalon mit Coffeebedienung und nicht viel weiter, der Straße entlang zum Meer, eine Autovermietung.
Es war zu spät, noch einen Wagen zu mieten, doch Larson zog gleich am frühen Morgen los, um dies zu tätigen, während ich schon beim Friseur saß, einem chinesischen, und danach haben wir sofort begonnen, die Sunshinecoast zu erkunden.

In diesem Hotel haben wir uns vier Nächte nicht geliebt, aber dafür am Strand, und das täglich und des öfteren. Für den 30. Dezember war ja nun schon fix Hayman Island gebucht. Doch um bei Noosa zu bleiben: Die erste Nacht war eine einzige Wälzerei in getrennten Betten. Kroch ich zu Larson, war es ihm zu heiß, versuchte er es, bei mir zu schlafen, quietschte das Bett. So konnte ich die schon früh aufgehende Sonne kaum erwarten, die uns angeblich bis spät abends Freude und Wärme schenken sollte. Das stimmte auch, und nicht umsonst hieß dieser Landstrich „Sunshinecoast“. Später, als wir in Queensland Tabeland bei unseren Verwandten weilten, versank die Sonne schon kurz nach 18,00 Uhr, was meine Seele oft kränkte, denn ich erfreute mich stets an einem frühen Sonnenstrahl und auch an den immer müderen

Abendsonnenstrahlen. Dann erst konnte man zufrieden seinen Sessel verlassen und einen eventuellen Drink noch zu Ende schlürfen.

Wir nutzten also die wenigen Tage. Gleich vor unserem Tawarri Unit gab es einen Swimmingpool, und während mein Mann den Nescaffee, die Sandwiches mit leicht gesalzener Butter und Käsescheiben vorbereitete, konnte ich noch allein im Pool meine Badegymnastik betreiben, bevor eine Horde vergnügter Kinder ins Becken sprang.
Mit unserem frischgemieteten Hertzauto starteten wir dann los. Gleich unten am Boulevard Noosas entdeckte ich die Boutique der braungedressten Lady und diese bezirzte sofort meinen blonden, schon braungebrannten, gutaussehenden Darling, gleich einen Blick in das Geschäft zu machen. Und da er sich nicht mehr — wegen der überschwenglichen Begrüßung — aus der Affäre ziehen konnte, sah er mir eher unvergnügt zu, wie ich hurtig mit den bunten Kleidern, Schuhen und Taschen vor dem Spiegel posierte. Letztlich kaufte er mir — müde des langen Hin- und Herprobierens — ein superschickes, beidseitig geschlitztes, auf schwarzem Fond mit Korn- und Mohnblumen bedrucktes seidenes Kleid, mit passenden Riemchenschuhen und Tasche. Beinahe hätte er mir noch mehr gekauft, als die blonde, langhaarige Tochter, die in Rom, Paris und London die Modekollektionen einkaufte, erschien. Doch da meinte ich, *„see you tomorrow!"* – *„Wir suchen jetzt eine Bucht, um oben ohne zu baden"*, verabschiedete ich mich. — *„Seien Sie vorsichtig, überall gibt es Haie. Schwimmen Sie nur dort, wo die Fahnen ausgesteckt sind und die Lifesafeguards aufpassen, oder auch wenn Sie Helikopter über den herannahenden Schaumkronen fliegen sehen, wird es gefährlich!"* – *„Danke sehr!"* Gefährlicher als

in dieser Boutique konnte es für meinen Larson auch nicht werden!

Wir fuhren die unbelebte Hauptstraße entlang und suchten eine Bucht. Beladen mit einer blau-weißen Tiefkühlbox, gefüllt mit zwei Flaschen Wein, einigen Dosen Bier und zwei Käsetoasts, fanden wir die richtige Bucht. Neben dicht bewachsenen Agaven und eher nicht einladenden anderen Stäuchern fand Larson einen winzigen Platz, um gerade noch unseren Wagen zu parken. Von da weg hinunter zum Meer führte ein schmaler Pfad, den sich vielleicht die Bewohner des auf der anderen Seite befindlichen Hauses gemacht hatten. Erstmals gab es keinen Hinweis „Not permitted“, und zudem war gerade nicht Hauptsaison. So parkten wir mit reinem Gewissen und krochen samt Badetasche und Kühlbox neben den stacheligen Agaven den Pfad hinab. Erst am eher absteigenden Pfad blühten Oleander in den schönsten Farben, und ein Paradies eröffnete sich uns. Beinahe goldgelbe Felsbrocken, aus dem Meer herausragend, herrlich blaues, etwas von Schaumkronen bewegtes Wasser und weit herum ein sich in der Sonne opalisierender Sand — eine unendliche Pracht, von der wir nicht im geringsten geträumt hätten. Später habe ich erst erfahren, daß gerade an der Sunshinecoast siebenerlei Sandarten verschiedenster Farben und Feinheiten speziell diesen Küstenstreifen so berühmt gemacht haben. Wir haben natürlich auch ein Fläschchen mit der Verschiedenartigkeit der dortigen Sandarten mit nach Hause gebracht. Aber selbst in jener Bucht, die wir „Paradise“ nannten, fand ich schon sechserlei dieser schimmernden Sandarten, die, zusammen in der Hand gehalten, wie ein einzigartiges Feuerwerk anmuteten. Damals noch schlank, zog ich meinen goldenen Bikini, den ich sonst anstößigerweise nirgends tragen konnte, an, um den Strand und die schimmernden Felsplatten zu genießen. Larson lief mit mir Hand in Hand in die herankommende Gischt, und daraufhin legten wir uns auf ein Noosa-Souvenir-Frotteehandtuch und liebten uns, gesandet, gestrandet, gesündigt mit dem eigenen Mann.

Auf der Heimfahrt haben wir uns unsere sündige Bucht wohl fest im Herzen vermerkt. Überall gab es Hütten für Mitbringsel, Schilder für Accommodations, und bei der sonnendurchglühten Landschaft empfand man es als Abwechslung, einmal da oder dort auszusteigen, um einige Früchte, Karten oder sonst unsinnig mehr belastenden Kram einzukaufen.

Die weiteren drei Tage sind wir wieder an diesen liebesspendenden Platz gefahren. Einmal wäre es mir beinahe passiert, daß mich die für uns nicht voraussehbare Wucht der Meereswellen in ihrer gewaltigen Macht mitgezogen hätte. Larson filmte mich noch auf dem ins Meer ragenden goldgelben Felsen, halbnackt und unbekümmert für die Kamera lächelnd, als ich mich plötzlich unter den Wellen befand, schützend gegen die Härte des Felsens. Ich lächelte zwar äußerlich, doch diesen Moment empfand ich gar nicht lustig. Als ich mit meinem total nassen Haar und dem fast über die Hüften heruntergerutschten güldenen Höschen zu unserem Standort lief, bemerkte ich zum ersten Mal auf unserem Paradise-Strand einen eher jungen Mann mit einer blonden Frau, doch dies kümmerte mich vorerst nicht. Larson sah sie wohl auch und meinte: *„Die beiden müßten Pacht für unseren Strand bezahlen."* Als meine Haare soweit getrocknet waren, beendeten wir unser Meeres-Liebesspiel schon früh am Nachmittag, um uns laut „Sehenswürdigkeiten-Prospekt" eine spezielle Burg anzuschauen. Beim Begriff Burg dachte ich an etwas wirklich Feenhaftes,

Reizvolles, mein Traum war jedoch ausgeträumt, als eine schon von außen her kitschige Ziegelburg aus rotem Sandstein uns zum Burgplatz lockte. Wir sahen uns den ganzen Kitsch mit Märchenfiguren hinter Schneeflockengläsern, wie Schneewittchen mit den Zwergen etc., an. Die anderen Besucher mit ihren australischen Kindern waren natürlich entzückt!
Ebenso erging es uns in einem Bottle-House-Museum und in einem Shell-Museum. Einige Kilometer weiter fanden wir, bescheiden am Straßenrand angekündigt, ein Oldtimer-Museum. Nichts wie hin! Zum Erstaunen meines Mannes, der ja selbst einen Oldtimer Jahrgang 1927 besitzt, betraten wir einen weitläufigen Schuppen mit einigen Oldtimern und den erstaunlichsten dazugehörigen Utensilien. Dort fand mein oldtimerbesessener Mann ein Buch, das man damals in Europa noch nicht erhalten konnte. Wir kauften zwei Exemplare „The Complete Encyclopedia of Motorcars 1885 — Every Make of Car in the World, edited by G. N. Gergano“, mit 668 Seiten schwerer als meine komplette Badeausrüstung! Na ja, meinen gesamten Muschelfang von Hayman und einige Paar Schuhe habe ich dafür gerne zurückgelassen, schließlich sind Ferdinand Porsche und der berühmte Jacob Lohner Austria darin erwähnt.

Es gab keine weiteren Sehenswürdigkeiten, und so konnten wir uns am späten Abend nur in dem griechischen Lokal aufhalten, tagsüber im güldenen Bikini und nachts in getrennten Betten. Trotzdem passierte es an einem dieser wenigen wonniglich wunderschönen Tage noch an Noosa's Paradise-Strand.

Als wir am letzten Tag an unserem schon angestammten „beach-place“ weilten, ging uns der Wein aus, und auch die zwei Sandwiches, die ich eingepackt hatte, waren zuwenig, da wir, einem plötzlichen Gedanken folgend, den ganzen Tag am Wasser und in der Sonne verbringen wollten, denn von den Sehenswürdigkeiten in der Umgebung hatten wir vorerst genug. Am letzten Abend hatten wir beide nur das Bedürfnis, den Wellen und Wogen im Untergang der Sonne und dem dann sich langsam glättenden, immer ruhiger werdenden Meer zuzuschauen. Dieses leise Prickeln, nur noch diesen Abend an der Sunshinecoast zu verweilen — am nächsten Tag sollte es ja um die Mittagszeit gleich nach Proserpine und von da weg per Boot nach Hayman weitergehen —, stimmte mich hungrig und traurig. Nun, um in den Genuß eines noch etwas abenteuerlichen Abschieds zu kommen, bedurfte es auf alle Fälle noch einer größeren Bottle of Wine und vielleicht eines kleinen Fireplace, um ein bis zwei Steaks zu grillen.

Larson, der an unserem Standort keine Gefahr für mich sah, meinte, er könne mich getrost allein hier in der Gegend nach Holz suchen lassen, während er im nächsten Supermarket nach Wein, Brot und Fleisch und selbstverständlich Ketchup Ausschau halten würde. *„Frage doch die jungen Leute dort, die wir nun schon drei Tage in unserer Nähe hier flirten sehen, wo du am besten einkaufen kannst!“* Larson ging hinüber zu dem jungen Paar, um sich zu erkundigen. Sie arrangierten sich; sie hatten das Haus oben am Hang gemietet. Der Boy meinte, er würde mitfahren, um Fleisch einzukaufen, und wir könnten zusammen einen netten Abend verbringen. Doch mein Mann schlug vor, daß wir in der Zwischenzeit Holz suchen sollten und fragte auch noch, ob sie Teller, Besteck und etwas Gewürz hätten. *„Natürlich“,* meinte die Freundin, sie würde auch Kartoffeln vorkochen, und ehe Larson zurück sei, wäre alles geschehen. Ja, es war auch geschehen! Ich zog meinen Pareo um die Hüften, damit meine Beine nicht von stacheligen Baumablegern zerkratzt werden. Das Fräulein ging ins Haus hinauf, um die Vorbereitungen zu treffen.

Holzstück für Holzstück warfen wir erstmals auf einen Fleck zusammen, doch plötzlich hielt ich ein besonderes Stück Holz zwischen meinen Fingern, und ich erinnerte mich an den Wurzelsepp. Dieser australische Jüngling zog mich plötzlich nieder, und aus seiner winzigen Badehose stach ein noch sandiges Holzstück hervor. Er benutzte meinen Pareo und fegte den Sand damit von seinem Kleinod. Ich war wohl sehr verlegen. *„Take him.“ – „Sorry, I am Austrian not Australian, you are a stranger for me.“ – „Don't worry, ich habe euch immer beobachtet, mach's mir auch so.“ – „Aber der Feuerplatz, das Holz, deine Freundin, mein Mann, sie können jeden Moment zurück sein.“ – „No, Supermarkets open at 3.00 o'clock.“* Da war noch viel Zeit. Die Verführung war mir natürlich klar, und so konnte ich der Vernunft unter dieser Hitze fast selbst nicht mehr widerstehen und nahm den für diesen jungen Mann fast ungewöhnlich Dicken in die Hand und löste bei ihm spontan jene Reflexe aus, die er eben benötigte. Als ich fühlte, daß wir ineinander passen, setzte ich mich auf ihn, und gleichzeitig küßten wir uns. Um uns zu ernüchtern, rannten wir dann zum Meer und machten nachher den Holzstoß noch größer. Wir begannen ihn schon anzuzünden, bevor Larson und anschließend die frischaufgeputzte Freundin kamen.
Nach all dem Zwischenspiel wurde es noch sehr lustig, zudem Larson diese kleine Pam sehr knusprig fand und — wie mir schien — sogar reizvoll. Im Halbkreis hielten wir bei untergehender Sonne ein gemütliches Abendmahl und jeder war mit den Potatoes, den Steaks, dem Ketchup und Weißbrot zufrieden.

Wir verstanden uns trotz unseres fast zehnjährigen Altersunterschiedes bestens. Vielleicht lag es auch am Wein, denn als wir aufbrachen, waren wir bestimmt alle „tipsy". Jedenfalls verließen wir unsere Kannibalenstätte bestens aufgeräumt, und Pam, die ihren Oliver „Sunny" nannte, steht heute in meinem Tagebuch. So torkelten wir also mit unseren Utensilien den schmalen Pfad hinauf, eckten natürlich an den Spitzen der Agaven an, verabschiedeten uns und bedankten uns für dieses plötzliche *„However."* – *„Perhaps tomorrow!"*

Oliver sah ich am nächsten Frühvormittag tatsächlich noch einmal. Larson wollte noch einige T-Shirts für Tauf- und Firmkinder bekleben lassen und in der Zwischenzeit die Autovermietung bis zum winzigen Airport kontrollieren, um alles perfekt erledigt zu haben. In der Zwischenzeit saß ich in einem bunten, hochgeschlitzten seidenen Kleid am Tawarri-Pool und schrieb noch ein paar Notizen an meine österreichische Adresse.

Plötzlich stand Oliver vor mir. Verschämt nahm ich meine Hibiskusblüte aus dem Haar, weil ich mir für diese Späße schon zu alt vorkam. *„Lone?"* *„Nur wenige Minuten!"* Ich zeigte ihm unser Apartment, aber er sah nichts, denn kaum im Raum, begann er mich wie verrückt zu küssen und legte dabei seine Hand an seine Shorts. Wir schwiegen und verloren uns.

Hayman Island

Noosa war traumhaft schön, doch ich freute mich schon auf Hayman. Ein letztes Mal fuhren wir mit unserem gemieteten Wagen bis zum sogenannten Noosa Airport, neben dem Krokodil Sea. Einen ebenso polierten Buschpiloten wie beim Anflug, nicht transpirierend, blau-weiß gedressed, trafen wir an. Es war ein anderer, als jener beim Hinflug. (Neuerdings heißen sie Ansett-Pilots.) Wir bestiegen gemeinsam mit einem sehr dicken Ehepaar den Helikopter, flogen nach Townsville und im Anschluß danach gleich nach Proserpine. Von dort weg ging es per Taxi nach Stout Harbour weiter. Dazu gesellte sich noch eine etwas ältere, gutbestückte Lady, die beim Aussteigen kurz vor dem Hafen keinen Penny bezahlte, aber Larson, der in Österreich bestimmt hinter dieser Geiznase hergeplappert hätte, lächelte bereits wie die Australier. Der Taxilenker bemerkte nur *„rich Lady – doesn't matter, every day the same."* In Stout Harbour sollte das Schiff in circa einer Stunde auslaufen. Wir setzten uns auf die Terrasse einer dort berühmten Ausschankstätte, tranken Rotwein und aßen Käsetoast.

Ein Papagei flog gleich zu unserem Tisch, naschte vom Toast und versuchte aus dem Glas zu nippen, was ihm auch gelang. Larson lachte, denn es war ihm lieber, einen schwipsigen Papagei als seine Frau betrunken zu sehen. Es war ein berühmter Papagei, eine sogenannte Animationspapageiin, dies erfuhren wir aber erst später. Dennoch bestellten wir kein zweites Glas und sahen nur den Perlentauchern zu, die sich von der Brücke dort — unter Aufsicht eines erfahrenen Tauchers — erprobten. Bald wurde es 14,00 Uhr, und unser Schiff war immer noch nicht in Sicht. Wir hatten schließlich noch, entlang des beginnenden Korallenriffs, eine dreistündige Fahrt vor uns. Langsam begann die „dreaming sunny time“, wie ich sie nannte. Dann endlich stachen wir in die Coral Sea; am Steg von Dreaming Island kam noch ein Ehepaar mit Kind an Bord. Die Frau stammte aus Linz und erzählte gleich wenig schmeichelnde Dinge über Hayman: *„Snobby, Sie werden ja sehen.“* Meinem Mann und mir wurde von ihrer Erzählung leicht übel (ihr Mann hatte sowieso nicht den Mund zu öffnen und nur das Kind zu beruhigen), denn wir konnten ja nicht gleich sagen, daß wir in einer der wenigen Royal Lodges wohnen würden. So verabredeten wir uns am Buffet, um hinterher noch einen Drink zu nehmen. Nicht gerade mein Geschmack, dachte ich mir, Larsons sicherlich auch, da mußte ich gar nicht erst fragen! Aber Hayman prägte sich bei unserer Ankunft, unmittelbar vor Sonnenuntergang, ganz anders in unsere Herzen ein. Es war schon Ebbe, und unser großes Unit mit dem riesigen Duschraum, dem Vorraum mit dem Eisschrank und vielen Kleiderkästen und endlich einem kuscheligen Doppelbett, einem riesigen Frisiertisch und einem runden, großen Frühstückstisch, den wir nur einmal benutzten, denn im Nu war er mit meinen schriftlichen Arbeiten belegt, war einmalig. Die Veranda war groß, und, über ein kleines Mäuerchen springend, war man schon in Hayman Islands Fluten, so nicht gerade Ebbe war. Die Palmen davor dämpften etwas die Hitze, was wir am Tag unserer Ankunft sehr schätzten.

Die Ankunft war übrigens sehr lustig, wennschon auch kitschig. Das Boot landete neben dem Landeplatz für Helikopter, und von dort aus stieg man in eine Art Liliputbahn, die uns vom Ankunftsort direkt zum Haupttreffpunkt der Insel beförderte. Man konnte — je nach Hotel, Unit oder Lodge — samt Gepäck aussteigen, und ein Diener brachte das Gepäck in die Räume, und erst vor dem Abendessen mußte man sich seine Karte für den Diningroom an der Reception holen.

Funny! Typical for Australia! Wir machten alle Späße mit, allein schon aufgehetzt durch die wohltuenden Sonnenstrahlen. Gefühlsmäßig fand man sich plötzlich selbst „australianlike", und man bekam zu der Jugend ein anderes Verhältnis und Verständnis. Man tat, was einem gefiel, und niemand störte sich am anderen. Von schrecklich „snobby" keine Rede — so etwas steht eventuell in einem Prospekt, oder man hört es von Leuten, die nie dortgewesen sind.

Dieser erste Abend verlief noch drollig und besonders süffig! Es fanden uns dann an einem größeren Tisch die österreichischen Gefährten und die gemischte Honeymoongesellschaft unseres Abendtisches. Eine fröhliche Runde! Plötzlich rief einer der Animateure zum Premierentanz des Abends auf: *„Walzer!"* Larson verbeugte sich noch altwienerisch vor mir, in die Mitte hinein, zuerst Rechts- dann Linkswalzer. Mir wurde leicht schummerig — nach all den Flügen, Bootsfahrten und dem australischen Wein. Aber er hielt mich — wie stets — fest in seinen Armen.

Nach einer Stunde wurde dann der Preisträger des Abends ausgerufen: *„Mr. Larson from Austria! - Not Australia!"* Alles schrie, lachte und klatschte. Mein süßer Linkswalzertänzer gewann einen Liter Champagner. Natürlich geschoben, durch die Direktion, denn die Waitress des Hotels, eine Wienerin, gab bestimmt den Tip ab. Wir tranken und tanzten untereinander, und es war bereits Sonnenaufgang, noch bei Ebbe, als wir unsere „Royal Lodge" tipsy betraten. Die Boote zum Verleih standen noch alle im Schlamm.

Ich setzte mich auf die Terrasse und träumte in eine Robinson-Crusoe-Landschaft hinein, während mein Freitag schon ungewaschen in seinem Doppelbett eingeschlafen war.

Ja, dann begann der letzte Tag des Jahres, den ich schon bei Sonnenaufgang in mich einatmen konnte. Wir hatten vor, am Morgen — nach einer Besichtigung der verschiedenen Swimmingpools, Bars, Boutiquen etc., einem ausgedehnten Wasserspiel und einem wohltuenden Bettspiel — dem neuen Jahr entgegenzuschlafen, um die erste australische Neujahrsnacht in Erwartung der fremdartigen Gefühle, Freuden, Wonnen, wie auch immer, mitzugenießen und die österreichischen Unterschiede herauszufinden.
Um 18,00 Uhr war es soweit, sich zu duschen, zu schminken, wie auch immer anzukleiden, um dann für das bevorstehende Spektakel bereit zu sein.

Man kleidete sich für diesen Abend natürlich festlich. Larson zog seinen cremefarbenen Seidenanzug mit dem gewissen Knitterlook in der Kniebeuge und ein gleichfarbenes Seidenhemd mit Initialen — versteht sich —, passenden Schuhen und Krawatte an (seine einzige vornehmlich für Australien vornehme Ausstaffierung), und ich trug ein sehr enges, langes, aus hellblauer indischer Seide mit Goldstickerei im Kimonolook, frech bis zum linken Knie geschlitztes und hochgeschlossenes Kleid mit den passenden Goldriemchenschuhen. Dazu nahm ich neben meinem obligaten Vorhangring-Ehering den schmalen Verlobungsbrillantring und einen 1,2-Karäter, den mir mein Mann zum ersten Hochzeitstag geschenkt hatte. Den besonders schmalen Ehering hatten wir übrigens nur eine Stunde vor unserer standesamtlichen Trauung in Wien bei dem wohl berühmtesten Juwelier Am Graben, mit einem eher mißbilligenden Lächeln des Verkäufers, ausgesucht. Doch ich bestand damals darauf und beteuerte, daß ich so im Laufe der Ehejahre noch einen oder mehrere dicke Brummer davorsetzen könne. Was schließlich auch im Takt der Zeit geschah. Um auf den weiteren Behang zurückzukommen, steckte ich mir nur die Ohrringe von Tiffany — große, einem Sonnenstrahl ähnlich, in deren Mitte sich eine besonders wertvolle Perle befand — an. (Wahrgemacht 1975 bei Tiffany.) — Love for Larson!

Ich war früh fertig und setzte mich auf das Mäuerchen vor der Veranda, um dem alten Jahr nachzuträumen, während mein Mann in die Einkaufszentrale eilte, um einige Glücksbringer fürs bevorstehende Jahr zu kaufen.

An die unserem Vorplatz zugehörige Palme angelehnt, küßte sich ein jüngeres Paar. Sie bemerkten mich, und die Frau, einer Zigeunerin ähnlich, sprach mich auch gleich an: *„You look pretty, wollen Sie so lieb sein, am letzten Tag des Jahres und am schönsten Fleck Australiens ein Foto von uns zu machen?“ – „Sure!“* Ihr Mann kam schon über das Mäuerchen gesprungen, mochte jünger gewesen sein als seine Partnerin und trug einen Akkupunktur-Ohrring.
Da kam auch schon Larson. *„My husband“, – „Mal and Ray“,* stellten sie sich vor. Zuzwinkernd luden wir sie auf ein Glas Champagner ein und boten ihnen unseren Duschraum an, um sich frischzumachen, denn schließlich kamen sie gerade vom Tauchen.
Anschließend gingen wir mit ihnen zum großen Veranstaltungsraum mit Bar. An der Bar gab es mit einem circa dreiundzwanzigjährigen Jüngling ein großes Hallo, sie kannten sich wohl. Dieser junge Mann kam mir sehr scheu, schüchtern und weltfremd vor, doch er

sah besonders vornehm aus, nicht nur in seinem hellblauen Seidenanzug, dem passenden Seidenhemd, sondern durch seine gleichsam einstudiert gekonnten, gemächlichen Bewegungen. An seiner Brusttasche steckte eine winzige goldene Nadel. Ich fragte nur, um mit ihm ins Gespräch zu kommen, was dieses Emblem bedeute. *„Es ist von meinem College, University Sydney."* Er sprach verschüchtert, aber man konnte den Unterschied des schönen reinen Englisch zwischen Brian, wie er sich vorstellte, und Mal und Ray exakt erkennen. Ich fragte ihn auch, ob er wohl mein Englisch verstünde. *„Yes, you and your husband speak a welcome English, die Leute hier sprechen ein schlecht verständliches Englisch, letztlich sind sie ja auch Australier."*

In diesem Moment wurde mir zum ersten Mal klar, was der Begriff „Aussies and Pommies" bedeutet. Ray und Mal hörten nichts von unserem Gespräch, da sie mit Larson und dem Oberkellner über eine gute Tischreservierung verhandelten, und ich bemerkte längst schon wieder einen mittleren Schein in meines charmanten Mannes Hand. Der Tisch war bestens! Brian hatte rötliches Haar, war hellhäutig und leicht sommerbesproßt. In diesem Augenblick, als ich diese Feststellung machte, waren seine Augen moosgrün, doch das konnte an der stets wechselnden Beleuchtung liegen. Vor dem großen Saal mit den Schiebetüren war ein enorm langes, fantasiereiches Buffet aufgebaut und ganz vorne ein erstaunlich weitläufiges Podium mit der Musikkapelle. Es schien für alle Hayman-Besucher gedacht zu sein. Bevor wir hinaus zum Buffet gingen, lehnten wir noch an der Bar, um die langsam eintrödelnden Inselbesucher zu studieren oder zu kritisieren. Jeder von uns dachte allein, da wir uns ja auch nicht näher kannten. Wirklich hübsche Damen und Herren — hauptsächlich über fünfzig, da die Insel ja für speziell exklusiv gilt, oder eben für reiche Flitterwöchner. Es war ein gemischtes Publikum, doch Mal's Lachen, ihr Mundwerk und ihre gestikulierende, auffällige Art paßten nicht hierher. Dies mußte hauptsächlich Brian fühlen, er war auch ganz still. Wir kamen aus dem Ausland, und es störte uns ihre ungenierte Art weniger, ja sie amüsierte uns eher.

Nach den fabelhaften Fischgerichten, vorzüglichen Salaten und Obstgestecken, Früchten jeder nur erdenklichen Art, erschienen auf dem Podium Animateure in Baströcken, Hawaikränzen und Blütengestecken und hängten jedem Gast einen Blütenkranz um den Hals, oder sie steckten den Damen Blüten ins Haar, und ganz smarten Herren, die nur in der Badehose gekommen waren, gaben sie Baströckchen um die Hüften, und die Animation nahm nicht nur durch die Verkleidung, sondern auch den immer stärkeren Klang der Band ihren Lauf. Man begann zu tanzen, zu trinken, zu flirten, und nach einiger Zeit bei Drinks und Tanz waren sich „Aussies und Pommies“ in ihrer Stimmung einig.
Es war eine unterhaltsame, besonders amüsante Neujahrsnacht! Ich trank bei solchen Gelegenheiten, meinen Gewohnheiten entgegengesetzt, zu wenig, um das Volk besser beobachten zu können und um mich vor diesem jungen Studenten nicht allzu ausgelassen zu geben. Mal tanzte meistens mit Larson, und sie prosteten sich auch kräftig ins „Happy New Year“ hinein. Sie war auch wirklich so originell und — wie ich schon sagte — wie eine Zigeunerin, die wahrsagen könne. Und sie flüsterte einmal leiser, einmal lauter, meinem Mann, ihrem Freund sowie mir und Brian etwas auf ihre lustige, natürliche Weise ins Ohr, und man konnte sich, der lieblichen Dinge wegen, die sie da erzählte, ein Lachen nicht erwehren. Des öfteren tanzte ich mit

Ray, aber ich konnte mich in seinen engumschlungenen Tänzen nicht wohlfühlen. Er zerquetschte mich förmlich.
Dazwischen gab es hawaiartige Balletteinlagen von besonders entzückenden Mädchen in knappen Bikinis, anfangs mit einem Pareo bedeckt, geschmückt mit wunderschönen Blütenkränzen, frisch und in ihren Bewegungen fließend, vorgeführt.

Unser Student war fasziniert. Nach dem Mitternachtswalzer (die Chefin und ihr Vater sind schließlich Wiener) bat Brian meinen Mann, Larson, um einen Tanz mit mir. Er hielt mich leicht in seinen schmalen Armen, und eine Schulter drückte er etwas bewußt an die meine. Er lächelte, vielleicht ein wenig verträumt oder auch schon nach dem langen Tag etwas beschwipst, und meinte: *„Deine blauen Augen passen gut zu deinem hellblauen betörenden Kleid.“* Ich lächelte zurück. — *„Beim letzten Tanz habe ich genau dein braunes Bein entlang des Schlitzes bis zum Knie hinauf verfolgt.“* Dann schwieg er. *„Wie lange bleibst du?“* – *„Nur bis morgen 16,00 Uhr, wenn der letzte Helikopter startet. Ich bin mit Mal und Ray gekommen, sie fliegen morgen um 10,00 Uhr.“* – *„Nun, da hättest du noch Zeit, mit uns ein kleines Motorboot zu mieten, und wir könnten mit Verpflegung auf eine der gegenüberliegenden Insel fahren – wenn Larson zustimmt.“* Er strich mein nach vorne gefallenes Haar zurück und in einer für die anderen nicht einsehbaren Ecke küßte er im Walzerschritt ganz sanft die Stelle unter meinem Ohrring und flüsterte: *„ma perla Liza“*. Es durchrieselte leicht meine Wangen, und ich fühlte mich durch die erlesene Aussage eines jungen Mannes gleich noch beschwingter. Glücklich begann ich ein neues Jahr. Es war unser einziger Tanz. Es folgten jedoch noch mehrere mit den uns schon bekannten

Herren, und den letzten Walzer tanzte ich natürlich mit meinem vom Champagner animierten verliebten Mann.

Dies war wohl die längste Nacht all meiner australischen Nächte! Außer während meiner Studentenzeit, wo es anschließend nach dem letzten Tanz noch ins Café Schwarzenberg zum Frühstück ging, so weh einem die Füße in den zumeist neuen Schuhen auch taten, und schlußendlich im Ballkleid in die Theatinerkirche, um dem lieben Gott für die geschenkte Fröhlichkeit zu danken. Farblos kroch ich dann aus dem Auto meines damaligen Kavaliers und verschwand leise über den Treppenaufgang in meine Studentenbude.
Aber auf Hayman Island fand man kaum ein Ende. Neujahrstag! Ich blieb gleich auf, duschte mich und machte mich, soweit es ging, für das spätmorgendliche Frühstück in unserer Lodge frisch. Der Kellner sah auch nicht gerade erquickt aus, als er uns das Continental Breakfest auf die Veranda stellte und mit einem „Happy New Year" die Tür ins Schloß fallen ließ. Doch gleich nach dem Frühstück joggten Larson und ich dem Strand entlang, in Richtung Abflug des 10,00 Uhr-Helikopters, um Mal und Ray noch zu sehen und zu überraschen. Auch Brian war — obschon nicht ausgemacht — dort, in einer Badehose, besonders altmodisch, und einem T-Shirt mit der Aufschrift „University Sydney". Brian wollte ja erst den 16,00 Uhr-Flieger nehmen. Es gab noch ein großes *„Hallo"* mit unserer „Wahrsagerin". Sie machte eine Menge Fotos, von denen man — wie üblich — nie eines erhielt.

So standen wir drei im Wind des aufsteigenden Hubschraubers, und niemand sagte etwas. Doch Larson, stets unangenehme Situationen erkennend, fühlte sich plötzlich diesem schüchternen Jüngling gegenüber gerade am Neujahrstag verpflichtet, etwas zu sprechen: *„Happy New Year"*, stieß er heraus, und wir umarmten uns zu dritt, und Larson fragte ihn, ob er Lust hätte, die wenigen Stunden auf Hayman noch mit uns zu verbringen.

Während ich die Sandwiches machte, mieteten sie das Boot, und wir zogen mit dem kleinen Motor gegen die Insel. Die anderen kleinen Inseln waren zur Mittagszeit schon so übervölkert, daß wir sie nicht mehr aufsuchten. Um nicht in die für die kleinen Boote nicht ungefährliche Flut hineinzukommen — was uns bereits einmal fast passierte — mußte man schon vor 16,00 Uhr zurück sein. Der Professor aus Wien mahnte mich auch — und nicht unberechtigt, Steine und den Busch zu meiden, denn Echsen, Schlangen und anderes uns Laien unbekanntes Ungeziefer seien keine Seltenheit. Doch er kannte meine Abenteuerlust nicht!

Ich zog meinen hübschesten, purplefarbenen Bikini Ober- und Unterteil mit Goldschließen — an, mein ebenfalls purplefarbenes griechisches Fransenhemd darüber und eine fast passende Chiffonschleife band ich in mein schon sehr langes schwarzes Haar. Ich nahm wohl meinen Lederhut und die Strandschuhe mit, aber mein Innerstes war vom vorangegangenen Tag sozusagen noch aufgewühlt und schwebte dem neuen Jahr entgegen!

Als wir das Boot mit unserer Kühlbox und weiteren anderen Utensilien betraten, flüsterte mir Brian nochmals *„ma perla"* ins Ohr, und ich bemerkte, daß seine Augen nicht mehr moosgrün wie am Abend zuvor

waren, sondern sie erinnerten mich an eine eigenartige grünlich-gelbstichige Orchidee mit einem blaßlila Rand. Vielleicht hatte die chamäleonartige Verwandlung auch mit dem azurblauen Meer zu tun. Ich fand ihn plötzlich begehrenswert, und er bemerkte dies.
Jedenfalls war es eine lustige Fahrt nach der Silvesternacht. Man sprach sich plötzlich leichter und lockerer als am Abend zuvor und ließ seinen doch noch etwas schweren Kopf von der Meeresbrise entschleiern.

Auf der Insel angekommen bin ich natürlich zuerst ins Wasser gegangen und bemerkte, daß ich mit meinen Beinen auf ein riffiges Felswerk stieß. Zudem gab es einige kleinere Strudel, und ich gab es schon Larson zuliebe — der sowieso Tiefenangst hatte — auf und schlug vor, nach einem kräftigen Schluck Bier die glatte andere Seite der künstlich angelegten Steinpromenade entlangzulaufen, um einen geeigneten Platz zum Schwimmen zu erkunden. Also blieben die beiden Männer etwas widersprüchlich zurück, zogen das Boot halb heraus auf den Stein, während ich mich lachend entfernte. Die Steine der künstlich angelegten Promenade, die wahrscheinlich die Bucht von Hayman etwas gegen die Brandung schützen sollen, waren furchtbar heiß und mit den bloßen Füßen hüpfte ich meterweise fast nur mehr auf Zehenspitzen vorwärts, bis ich zu einer Biegung im Schatten kam. Irgendwie war mir die Sache dann trotz meines Mutes, vielleicht auch infolge des noch vorhandenen Übermutes der vergangenen Nacht, nicht ganz geheuer. Ich dachte an Green-Trees-Schlangen, die ja nicht nur auf den Steinen liegen, sondern hauptsächlich in den Büschen hängen. Ich versuchte ins Meer zu steigen, doch die Promenade war durch große Steinbrocken so steil angelegt, daß ich dies nicht wagte.

Die Entscheidung, in dieses Wasser zu springen, noch dazu mit einem Unbehagen vor Wassertieren unbekannter Art, oder diesen guten halben Kilometer mit danach verbrannten Fußsohlen zurückzulaufen, vorbei an den sich am Stein sonnenden Schlangen aller Art, bedurfte einiges Nachdenkens. Es stießen Zweifel in mir hoch, und so stieg ich auf eine mir eher nicht so gefährlich erscheinende Anhöhe und schrie immer wieder: *„Larson! Bringe mir Schuhe und Hut, es ist so gefährlich!“* Und immer wieder: *„Hört ihr mich? Hier ist es für das Boot zu stürmisch!“* Nach meinen allerlautesten Schreien rief Brian zurück: *„Bleib wo du bist, ich bringe alles!“* Daß Larson in diesen Jüngling das Vertrauen setzte, erstaunte mich, wo er doch so eifersüchtig war. Inzwischen setzte ich mich in eine Ecke am Ende der Promenade und ließ meine Beine immer wieder ins Naß baumeln.

Endlich kam der „Pommie“! *„Sorry, ma perla Liza“,* reichte mir die Schuhe, den Hut — kein Mensch war um uns — und küßte mich auf meine Stirn. Er setzte sich neben mich, wahrscheinlich außer Atem, denn das heiße Stück in solcher Eile zu erreichen, konnte auch nur ein junger, wahrscheinlich verliebter Student vollbringen. *„I did it never!“* Ich sah ihn fragend an und dachte, es sei vielleicht unter seiner Würde, jemanden Schuhe nachzutragen oder derartiges. *„What - Why?“* Er wurde noch röter unter seinem rötlichen Haar, und seine Augen trafen mich tigerartig. *„Ich habe eine Freundin an der Universität, die ich sehr, sehr gern habe, aber ich habe Angst, daß ich versage.“* Ich begriff. Da küßte ich seine hübschen Lippen, vielleicht hatten wir auch noch zuviel Alkohol intus. Ich kraulte seine krausen rötlichen Härchen und bemerkte, daß sich dieser Adam wirklich rührte. *„Zeige es mir, please. Auch ich bin schüchtern“,* und dann lachten wir beide. Ich konnte ihm nicht glauben: „*Nimm meine beiden Brüste und streichle sie.*“ Meine Knospen wurden steifer und größer, und er wunderte sich, daß auch seine Badehose fast zu klein wurde. „*Dies hier sind die Äpfel zum Paradies, und du bist der Stamm!*“ *Ich* kniete mich auf den verdammt heißen Stein, zog ihm seine Badehose über die Knie und kostete den sich aufbäumenden Stamm. „*Ma perla Liza, du bist wunderbar. Ist das immer so?*“ Behutsam, langsam streichelte ich seine Früchte und küßte sanft den Schlüssel zu seinem Paradies. Ich zog dabei seine Hand an meine Scham und flüsterte: „*Nun suche die Perle!*“ Da fand er alles und fand es endlich! Noch kurz umschlungen lagen wir auf dem gefährlichen Pflaster, wuschen uns, und ich zog meine mitgebrachten Schuhe an. Gleich vor der Biegung der Promenade liefen wir, ich mit dem Hut auf dem Kopf festgebunden, wallenden Herzens meinem schon ungeduldig wartenden Mann entgegen. „*Ich werde dich nie vergessen, wenn ich in Sydney bin.*“ Ich fragte noch nach Eltern und Studium: Rechtswissenschaften. Mit einem nochmaligen „Happy New Year“-Ausruf stießen wir mit dem wartenden Larson an, und nach einer fröhlichen Überfahrt begleiteten wir Brian zum Helikopter und tauschten unsere Adressen, schon im Wissen, uns nie wiederzusehen.

Dieser Neujahrstag war anstrengend nach der vergangenen Nacht, die wir durchtanzt hatten. Aber Hayman Island verlangte nach Trubel. Jeden Morgen nach der Dusche begann eine Ungeduld seitens meines Mannes, weil er einen so plötzlichen Hunger auf das Frühstück innerhalb des Blumengartens hatte. „*Ewig dein Gesuche nach Bikinis, Wimperntusche und Lippenstift, und zuletzt noch das Getue um deine Haare*“, ärgerte er sich. Mir war genau alles klar, daß er um eine gewisse

Zeit dort Ham and Eggs brauchte, nicht der lieblichen Blumen wegen, sondern der gemächlich ankommenden anmutigen, frisch gevögelten Honeymoonmädchen wegen. Er wurde eben immer noch ein bißchen angeflirtet, was ihm besonders gefiel, wie auch mir, und trotz seines schon Vierziger-Bäuchleins war er ein hübscher, blauäugiger, blonder, echter Hamburger!

An diesem Tag hatten wir wieder ein Boot gemietet, und auf Anraten unserer Wiener Waitress sind wir samt Verpflegung auf Little Bali gelandet. Ich durchforschte wieder einmal die kleine Insel, diesmal jedoch mit Schuhen und Hut. Ich sammelte viele Muscheln in meinen Hut. Larson blieb — wie stets — in der Nähe des Bootes. Wasser, so es ruhig war, gab ihm Befriedigung und Entspannung. Als ich zurückkam, erschien mir mein eigener Mann so hübsch, fast playboyartig in seiner gleichmäßigen Bräune, seiner Entspanntheit und dem Ausdruck von Freude und Leidenschaft. Ich liebte ihn nicht nur unter der wonnespendenden australischen Sonne, ich liebte ihn stets, obwohl ich mich manchesmal auf einen harmlosen Flirt einließ.

Little Bali war traumhaft, nur als ich einmal länger tauchte, sprang ein Babyhai neben mir empor, und da war es mir doch unheimlich, nochmals an derselben Stelle zu tauchen. Larson konnte es besser sehen, ich selbst vernahm es jedoch kaum.
Die Insel konnten wir ohne Führung nicht umschreiten, und so kam es, daß der über alle Maßen charmante, „hitzebeständige“ Professor mit seinen Nickelbrillen uns um die Insel führte. So kamen wir auch ein kleines Stückchen in den Busch, der Professor zeigte uns Babyhaie und Schlangen ungefährlicher Art, natürlich alles auf Show für die wißbegierigen Frauen gemacht.

Zum Bootsplatz zurückgekommen, schwamm ich noch von Floß zu Floß, obwohl die Flut kam, just charming, als mich so ein animateurhafter Jüngling auf meine Tapferkeit hin ansprach: *„Sie sind aber nicht so zimperlich im Wasser wie vielleicht andere."* Das reizte ihn. *„Nehmen Sie morgen beim Tauchkurs mit Sauerstoffflasche im vordersten Swimmingpool teil?"* – *„Sure!"* Larson bewunderte mich ob meines Mutes, ich mich selbst auch. Wahrscheinlich gibt es ein Alter, da möchte man nochmals zwanzig sein! Beim zweiten Versuch mit der Sauerstoffflasche fühlte ich mich noch stark, nur war nachmittags auch eine Stunde im Meer angesagt. Ich war ja ein Neuling, doch ich kam mit. Ich tauchte neben dem Lehrer, doch als ich die Korallen, die Unterwelt des Wassers direkt vor Augen hatte, überkam mich eine derartige Angst, so daß ich nur mehr ans Auftauchen dachte. Später erklärte mir der Lehrer, daß Angst und Ungewohnheit in meinem Alter naturgemäß wären und es zum Anfangen nicht zu spät sei, jedoch noch mehrwöchiger Übung bedürfe! Worauf ich meinte: *„Wenn das so ist, dann tauche ich gern, aber lieber vorsichtig und auf einen kräftigen Schluck hinterher, sonst bleibe ich lieber beim Schnorcheln und bei meinem Mann!"* Darauf tranken wir mit ihm zwei Bier, und ich war wieder vor einem weiteren Abenteuer gerettet! Ergiebigst erschöpft von den beiden Bieren duschte ich mich from top to toe, wickelte meine nassen Haare ein und legte mich — mit fettiger Hautcreme eingeschmiert — mit dem Bademantel und den Socken meines Mannes ins Bett. Nie zuvor fand ich mich so erschöpft. Da waren meine früheren Tauchunternehmungen wie harmlose Bergtouren ohne Steigung. Ich, für meinen Teil, war geheilt von der Sauerstoffflasche. Zudem wurde man durch das Salz und die Sonne immer mehr im Gesicht verbrannt. So schlief ich in Fett eingebettet ein, sagte meinem Mann vorher, daß ich ihn erst morgens um 6,00 Uhr wecken werde, sofern ich es schaffe. Er möge sich gut amüsieren und duschen!

Bestimmt war er geduscht; ich ging gleich bei Sonnenaufgang wegen der noch bestehenden Ebbe weit hinaus ins Meer und fand dabei eine Tigermuschel, die ich heute noch manchesmal um den Hals baumeln lasse.

Ich war ganz allein und wollte den beschwerlichen Tauchversuch in den Hintergrund schieben, um nur ja nicht die Angst vor dem Wasser zu verlieren und nicht so wie Larson eventuell in eine Tiefenangst verfallen. Um 6,00 Uhr lag die Barriere Insel, die wir mit Brian besuchten, vor mir, und ich schwamm lange und träumte und träumte: *„Ma Perla Liza!"* Nachher kam ich — schon halb trocken — mit meiner Tigermuschel durch die Terrassentür zu Larson und dachte nochmals — während ich mich abtrocknete und an Larsons Lenden drückte — an den tigerartigen Blick meines Studenten. Ich war ungeduscht und salzig, meine Zähne hatte ich auch nur mit Salzwasser gespült, aber ich fühlte mich bei ihm zu Hause, beschützt! Nur ganz langsam krabbelte ich mich vorwärts, erfrischt durch das Salzwasser, seinem nur durch ein Leintuch kaum bedeckten Körper entgegen. *„Morning, fang nicht wieder an zu krabbeln!"* – *„Na ja, warst wohl gestern in bester Gesellschaft!"* Ich fummelte inzwischen weiter an ihm herum, wie es eben einer Ehefrau gestattet ist. Er antwortete nicht, und so nahm ich seine noch schlafende Palme zärtlich zwischen die Finger und liebkoste so lange, bis seine Coconuts warm und gefällig wurden, und schmuserig legte ich meinen Venushügel, indem ich ihm das Leintuch wegnahm, auf diese seine hervorragenden Nüsse und begann langsam an diesen zu kraulen. Dabei kamen meine schwarzen Haare des Dreiecks noch mehr in Erregung, und behutsam, aber bewußt, nahm ich seinen Palmenstamm in meinen noch salzigen Mund. Ich küßte seine Eichel und den Schlitz, den er ja am liebsten geküßt haben wollte, und da wurde er auch schon ganz wach!

So verbrachten wir noch drei weitere Nächte auf Hayman Island, ich spreche absichtlich von Nächten, denn das ferienhafte Leben begann hier erst richtig gegen 17,00 Uhr.

Es gab wohl vormittags Spezialtanzunterricht für die tägliche Abendgestaltung, mal bayerisch, mal hawaian, dann wieder American dancing oder japanese, und demgemäß konnte man von den Animateuren für den entsprechenden Abend kostenlos Tanzunterricht nehmen, aber wir beide brauchten das nicht, denn wir konnten uns all der Gepflogenheiten der verschiedenen Volkstänze bestens anpassen. So zogen wir uns lieber auf ein stattliches Frühmorgenbierchen am Pool zurück und blickten hinaus auf die vielen vorgelagerten Inseln, die wir mit dem Boot ja fast alle schon besucht hatten. Mittags ging es meistens wieder hinaus aufs Meer, oder Larson machte einen ausgedehnten Mittagsschlaf, während ich mich mit meiner schriftstellerischen Ader irgendwo niederließ. Und wenn ich ins Meer blickte, sprachen meine Lippen noch manchesmal leise *„ma perla Liza“*. Ich hatte seitdem die teuren Tiffany-Ohrringe nicht mehr getragen; ich wollte mich nicht zurückerinnern.

Am letzten Abend war es noch besonders lustig und amüsant. Wir trafen ein charmantes Hamburger Ehepaar mit bezaubernder Tochter und verbrachten eine tanzfreudige letzte Hayman-Nacht! Tags darauf begleiteten sie uns mit der Liliputbahn zum Helikopter. Jeder unterdrückte seine Tränen, da wir ja nicht wußten, ob wir uns wiedersehen. Larson machte noch Fotos, die auch in Australien ankamen, und wir schreiben uns jedes Jahr zur Weihnachtszeit. Exakte Deutsche, die noch wissen, wie man korrespondiert. Hayman Island war bald hinter uns. Wir landeten in Proserpine. Der White Sunday Dream war ausgeträumt!

Der neue Start

Unsere neue Reise führte uns zu Schwager und Schwägerin, die ja erst kurz zuvor ihr neues Haus in Cairns, Queensland, bezogen hatten. Ein neues Haus, eine neue Schule für den zwölfjährigen Sohn Alex, ein neuer Job — Coffeeshop ohne Alkohol-Licence und ein neuer Hund namens Rolfi. Also, nicht viel Jubel und Trubel!

Wir hatten in Townsville, einem verheerenden Fluggelände, einen Stop. Die Stewardessen beschwichtigten aber unser leises Aufbegehren und beruhigten uns mit Rotwein und australischem Lächeln, was natürlich nur der Seele meines Larson zugute kam.
Von dort weg flog die Ansettmaschine weiter nach Cairns. Mit einer weiten Schleife über das Meer und einem harmonischen Anflug über die aus der Luft zu sehende nicht gerade schöne Stadt landeten wir weich auf einer kurzen Landebahn.
„Gerettet!“ (Inzwischen ist Cairns „International Airport“.) *„Don't worry“,* meinte mein Schwager, der etwas verspätet ankam. *„Susan wäscht sich gerade noch die Haare, und Rolfi sollte auch noch gekämmt werden!“* Nun, wir trafen auch mit einer früheren Maschine ein. In den Aufenthaltsräumen war die Luft „sticky“, und die Aboriginals, die am Fluggelände herumhingen, waren nicht gerade schön, obwohl ihre Frauen, äußerst modern, in knallfarbenen, superkurzen Röcken und tiefausgeschnittenen Blusen, Bräune und Busen zur Schau trugen.
Es gab eine Menge Babies, die über die Schultern ihrer Mammies hingen, und ich empfand es als ein riesiges Spektakel, wie sie auf die nächste Maschine warteten. Die Bräune war wohl verführerisch, doch die recht

außergewöhnlichen Gesichter ließen mich schnell den Gedanken an eine Verführung vergessen.

Die Freude des Wiedersehens war beiderseits so groß und die Erwartung auf das neuerstandene Haus auch. Auf der Fahrt zur City quasselten wir durcheinander, und Larson freute sich auf das Wiedersehen mit seiner Schwester, obwohl wir uns ja erst nach Christmas *„auf bald"* verabschiedet hatten.

Langsam machte mich die tropische Luft etwas fertig. Am letzten Tag auf Hayman Island sollte ich „Fansidar-Tabletten" einnehmen, doch ich erbrach, versuchte es später nochmals, aber es war zwecklos. Ich fror bei 38 Grad Celsius, zog einen Nickyanzug an und wurde deshalb belächelt. Auch in der Folge schlief ich stets mit Golfsocken, obwohl es mir bei dem Gedanken an Golf noch kälter den Nacken hinunterlief, denn bei den vielen Golfplätzen in Australien mußte ich mich ja schon meines deutschen Schwagers wegen auf verschiedene Golfplätze wagen, um ihm entsprechend Auskunft geben zu können.

Das Gefühl der Unbehaglichkeit für mich verursachten die zusätzlich zur normal eingebauten Klimaanlage sich stets drehende Ventilatoren, die meine zwar strammen Schultern kühlen sollten, doch ich fühlte mich langsam als Eismaschine. Man belächelte mich, und ich nahm es spaßig auf, vermied jede Kritik und gewöhnte mich auch alsbald an die australischen T-Bone-Steaks.

Wir verbrachten zwei äußerst gemütliche Abende, hatten viel Spaß mit Alex, der zwar beinahe alles Deutsch verstand, jedoch selten ein Wort sprach. Ja, und da war noch Rolfi, der drollige Schnauzer, dem ich beim Abräumen immer wieder einen kleinen Happen zufällig zukommen ließ.

Für den Anfang wollten wir ihnen nicht viel im Wege sein, da sie ja selbst erst kurz in diesem neuen Heim waren. So blieben meine Koffer am Boden, und ich zog nur die betreffenden Kleidungsstücke heraus, die ich gerade benötigte. Am nächsten Morgen starteten wir zuerst mit Susan, bevor sie ihren Coffeeshop aufmachen sollte, zu einer Hertz-Autovermietung, nahmen einen orangefarbenen Wagen und fanden uns gerettet, unabhängig. Die Eigenständigkeit von Larson und sein Eigensinn wie auch die Eigenwilligkeit meinerseits waren so verwachsen, daß wir allerseits unabhängig sein wollten!
Ich war gleich glücklicher, und deshalb kaufte mir Larson, trotz seines anhaltenden Sparsamkeitsfimmels, drei Paar Korksandaletten — rosa, hellblau, weißgold — und eine Strohtasche in der gleichen Kombination mit Reißverschluß. Meine mitgebrachten hohen schwarzen und weißen Schuhe mit Täschchen waren beinahe zwecklos, wie auch der Großteil meiner übrigen Garderobe.
Es war Samstag, und nach Geschäftsschluß fuhren wir zu Freunden von Susan und Gert nach Clifton Beach, Kewarra Road, circa fünfzehn Kilometer entfernt von Yorkeys Knob, einer Bucht, an deren Ufer wir anderentags in eine Lodgeanlage zu übersiedeln gedachten. Es war ein sehr fröhlicher Nachmittag mit Freunden. Wir spazierten neben einem naturgeschützten Krokodilcreek unter Eukalyptusbäumen dem Meer entlang bis zur Kewarra Beach, die durch einen großen Steinfelsen von der Trinity Beach, wo wir uns später noch öfters aufhielten, begrenzt ist. Gegen Abend ging es dann noch in den Swimmingpool, der ja fast jedem gehobeneren Haushalt angehört, und da kam noch eine lustige, buntgemische Meute eingewanderter Australier dazu, was uns eine zusätzliche Erfahrung über dieses unendliche, weite Land brachte.

Villa Marine

Beim Einschlafen war ich erleichtert, unseren Verwandten in ihrem so neuen Heim nicht mehr im Wege zu sein. Doch wollten wir uns dennoch jeden zweiten Tag in den nächsten drei Wochen, je nach unseren Tages- bzw. Besichtigungstouren, sehen. Nur konnten wir ihnen unsere dauernde Anwesenheit durch Wohnen nicht zumuten, da sie ja nicht on Holidays waren, sondern hart arbeiten mußten.
Ja, und so waren wir uns plötzlich in einem bestens ausgestatteten Unit in einer prächtigen Gegend ganz selbst überlassen: Northern Australia, neben dem Pazifik, mit Swimmingpool, einem Barbecueplace unter Palmen und Mangobäumen — like a Paradise! Ich fühlte einen Glücksstrahl durch meinen Körper und meine Seele gleiten, und es wurde mir klar, daß ich es an diesem Platz einmal länger als nur zehn Tage aushalten werde.
Da war ein türkisfarben überzogenes Doppelbett, ohne Spalt dazwischen, ein großer Schrank und ein drittes Bett für einen eventuellen Besuch, welches ich sofort mit all meinem Kleinkram wie Taschen, Bikinis, Büchern, Souvenirs und anderen Dingen belegte.
Da gab es einen Fernseher, Hauptutensil der Australier, einen Eisschrank, einen Tisch mit drei Hockern und einen Gasherd, dessen Bedienung ich meinem Liebling überließ. Daneben war das WC, die Dusche und ein winziges Waschbecken — ich war glücklich!
Susan, Gert und wir tranken noch ein, zwei Bier, während Alex bereits am Boden lag und Fernsehwerbung hörte. Dann, kurz vor Sonnenuntergang, gingen wir die wenigen Schritte hinunter zum Meer. Es war schon beginnende Ebbe.

Links, ganz oben über einer im Sonnenuntergang rötlichen Landzunge oder einem Steinplateau konnte man, aus dem Busch hervorragend, ein weißes, rundes Gebäude erkennen, und Gert erklärte mir, dieser Komplex sei nur für reiche, vornehme Leute zu mieten — wenn überhaupt, denn die meisten Apartments seien schon verkauft. Dieses heiße „Yorkeys Point", der höchste Punkt und die Landzunge gehören dazu. Dieser Fels oder auch Landzunge dürfe von den Inselbewohnern sowie den Besuchern betreten und umschwommen werden, jedoch warnte er mich — wie er mich ja übervorsichtig immer mahnte — derartige Felsen, Halbinseln und Sandbänke mit Vorsicht zu genießen!

Gerade durch diesen Ausspruch wuchs meine Abenteuerlust noch mehr. Wir wanderten auf die andere Seite, wo wir einem Eingeborenen beim Krabbensuchen zusahen. Dieser schwarze, fröhlich lächelnde Mann bot mir ein Tier frisch aus dem Meer an. Mit staunenden Augen und freundlichst, weil Gert mir zuflüsterte: *„nimm es, sonst beleidigst du ihn"*, nahm ich es in mein Taschentuch. Es war eine Kingspraw. *„Selten hier"*, beteuerte der Schwarze und erklärte mir, wie ich sie zu kochen und zuzubereiten hätte. Ja, und so freundeten wir uns an, und ich begegnete ihm oft beim Krabbensuchen und gestikulierte mit ihm, hauptsächlich mit der Augensprache. Es war lustig, und er hatte stets eine Anzahl von seinen Kindern um sich, und auf der Straßenseite wartete Mam, um den Fischfang zu kontrollieren, meist mit einem bunten Tuch um die Schultern. Ich bedankte mich jedenfalls sehr stolprig für die Praw. Er deutete auf den roten Stein und bemerkte: *„Wenn Sie länger hier verweilen, Lady, dort gibt es Königskrabben, aber schwer zu erreichen, nur durch Tauchen oder bei Ebbe."* Ich blickte nochmals hinüber zu dem im Sonnenuntergang geheimnisvollen Fels. Da bemerkte ich eine Gestalt, die stolz vom Fels herunterging, eine sehr geschmeidige Gestalt mit einem reizvollen Aussehen — ein bärtiger Mann, braungebrannt. Er kam näher, und ich sog seine volle Schönheit in mich ein.

Diese Nacht träumte ich, in Larsons Armen gehalten, dem frischen neuen Morgen auf Yorkeys Knob entgegen.
Dieser junge Morgen verführte mich, ein Weilchen auf einer der Bänke in dem kleinen Park zwischen Palmen und verschiedenfarbenen Hibiskusblüten Platz zu nehmen. Vor mir lag das ruhige Meer, in das dieser geheimnisvolle, jetzt ruhig anmutende Fels hineinragte.
Ich nahm mein Tagebuch und einige Buntstifte aus meiner Strohtasche heraus, um die faszinierende Stimmung zeichnerisch und dazu mit wenigen Worten festzuhalten.
Ein Radfahrer, mit einem Korb voll Mangos, hielt vor meiner Bank an. *„Morning, are you painting?“* – *„Ich versuche es.“* Er lächelte, und als ich meine Augen zu ihm erhob, erkannte ich denselben jungen Mann, etwa über dreißig, den ich bei unserem ersten abendlichen Spaziergang vom roten Fels herunterkommen sah.
Ich erkannte momentan sein Gesicht wieder, seine sanften waldhonigfarbenen Augen unter dichten, breiten, jedoch wohlgeformten wie gezeichneten Augenbrauen: Brauen wie die eines rassigen, südländischen Mädchens, nicht buschig, nicht gezupft, von der Wurzel aus zu einem breit verlaufenden zauberhaften schwarzen Bogen geformt. Der sanfte Augenaufschlag seiner ebenfalls schwarzen Wimpern erinnerte mich an ein Märchen. Und dann der eher hart wirkende Bart!

Ein aufregendes Gesicht mit einem stählernen Körper, braungebrannt im wohlig sanft aufgehenden Sonnenlicht!

„May I sit down?“ – *„Of course.“* Ich hatte gerade eine Skizze von dem roten Fels gemacht und wollte geniert umblättern. Dabei streifte ganz unbewußt mein kleiner Finger mit dem Türkisring seine Handkante. — Auch er mußte mich wieder erkannt haben. Ein leises Prickeln fühlte ich in meinen Wangen, und ein verschämter Blick fragte seine dunklen Augen. Ganz unbemerkt fand der kleine Finger seiner rechten Hand den meinen. Verwirrt schwiegen wir beide, und unsere Blicke verschwammen, während unsere Lippen und Hände sich fanden — unendlich lange verschlungen in eins.

Ich vermag mich nicht zu erinnern, wie sich im Taumel meine Lippen dem Nest seines Bartes entzogen. Mit einem strahlend blauen Blick kam über seine feuchten Lippen ein zaghaftes *„I am Colin, what's your name?“* – *„Call me Liz.“* Er streichelte meine Wangen und wischte die verschwommenen Konturen meines Rouges zärtlich von meinem Kinn. Leicht irritiert griff ich nach meiner Tasche und nahm den Lippenstift heraus, um mich wieder in Ordnung zu bringen. Dabei streiften seine etwas aufgeworfenen Lippen immer wieder die meinen, und ich hatte Mühe, mich seinen Liebkosungen zu entziehen.

Es war nicht mehr lange Zeit, denn bald sollte ich Larson am Swimmingpool treffen. Ich erhob mich leicht schwindelig und gab mein Tagebuch und die Stifte in die Tasche — *„see you on this beach again - or better on Halfmoonbay?“*

Larson stand gerade am Pool unter der Brause und neckte zwei kleine Boys, die sich vor dem Schwimmen nicht unter die Dusche stellten wollten. *„Wo kommst du her, hast du eine Zeitung gekauft? – Oder etwa Brötchen?“* – *„Nichts von beidem, ich habe nur einen Spaziergang am Strand bis hin zu dem gewaltigen Fels gemacht und bin ein Weilchen im Park gesessen, um die Wogen des Meeres und die aufgehende Sonne zu genießen. Es ist zum Angewöhnen schön! Du solltest früher aufstehen und ebenfalls diese Stimmung miterleben, aber du bist ja ein Kulturbanause“*, scherzte ich. *„Warte, ich komme mit ins Bassin, mit Dusche natürlich!“* Schnell streifte ich mein Kleid ab und duschte, um zu Larson ins Wasser zu springen. — *„Am frühen Morgen, wenn es noch so ruhig um den Swimmingpool ist, genieß ich es, mit meinem Liebsten ins Wasser zu tauchen, zu plantschen und sich dort zu berühren, wo man es tagsüber meist vergißt.“*

Wir spielten mit den beiden Jungs Ball — es war funny. Der Chef der Bugalowanlage kam zu uns herüber und lächelte: *„Do you like it here?“* – *„Of course.“* Wir hatten entlang des schmalen Krokodil-Flusses die schönste Lodge. Umgeben war das Haus von einem nierenförmigen Swimmingpool, mit rundherum Hibiskusblüten und Bougainvilleas, einem großen Vorplatz und Barbecue-Plätzen, beschattet von riesigen Palmen. *„It's a Paradise without Apples, but Coconuts.“* Mister Ogo lächelte, er schien als schon australischer Holländer nicht mehr viel Deutsch zu verstehen. *„Hier kommt mein Freund, er bringt Ihnen fast jeden Morgen Mangos, und wenn die Coconuts reif sein werden, wird er sie von den Bäumen holen.“*

Wir tauchten um die Wette weiter im Pool. Ich war besser, schneller und tiefer als Larson, doch ich kannte seine Tiefenangst und erfreute mich allein an seiner unbeschwerten Art. *„Ich liebe es, ich liebe dich, du nasse Maus!“* Wir bespritzten uns dabei wie Kinder, denn das Becken erschien uns — im Gegensatz zu unserem daheim — wie ein Planschbecken.

Eine kleine Lücke bei unserem Geplänkel entstand, als ein fremder junger Mann mit einem Korb entlang der Units ging, läutete und Mangos an die jeweils öffnenden Personen verschenkte. Dann kam er auch zu uns herüber und trat auf die Platten vor dem Pool. Unter meiner obligaten Indianerfarbe mußte ich blaß geworden sein, denn ich erkannte Colin, der mich erst eine knappe Stunde zuvor in seinem umbärteten Mund gefangen hatte. *„Hi, – I am Mango – do you like Mangos? Sie sind gesund gegen Hitze und süß und machen gute Figur!“* Larson lachte, und ich wußte, woran er dachte, mein Schelm! *„Yes, geben Sie uns eine Mango für meine Frau.“ – „Nur eins, für Frau?“* blinzelte er mit seinen unverzeihlich schönen braunen Augen. *„Mister, I give you two, eins für right side, another for left side of her heart!“ – „Okay“,* zwinkerte Larson und stellte sich dem Sunnyboy vor. — *„How much?“ – „Nothing, it's from Mr. Ogos garden for his visitors to give them for fun und love. It's not my job – it's my hobby to meet people in the months of November and December. So I can learn some words in another language. Do you speak German?“ – „Ja.“ – „Dann kann ich sagen, Sie sind freundlich und sprechen better English than some people here.“* Larson lachte und stieg aus dem Pool, fragte nach dem Friseur. — *„Oh, meine Schwester hat eine Hairstyling-shop.“* Ich glaube, diese spontane Antwort sollte er noch bereuen. *„You have a rented car? – I will show you a lot, but first eat your Mangos!“*

Etwas erleichtert nach diesem Gespräch trocknete mich Larson ab, und ich war zuerst auf unserem grünen, breiten Bett und nahm ihn in die Arme, als er sehr feucht, ohne Badehose über mich kam. Der erste wundervolle Morgen auf Yorkeys Knob.

Gegen elf Uhr fuhren wir in die nächste Bucht, Trinity Beach, um einige Getränke einzukaufen und weiter nach Palm Cove, wo es ein Restaurant mit einem berühmten Bird's Park gibt. Es war täglich geöffnet, schon der Vogelattraktionen wegen. Paßte exakt zu uns Verliebten! Die Bedienung war freundlich und das Lokal auf eher rustikal bayerisch getrimmt, was man im übrigen sehr oft, gerade in Queensland's kleinen Restaurants, fand. Rundherum gab es eine Menge herumlaufender Tiere wie Känguruhs, Emus und kleine unbekannte Schnabeltiere, zumeist jedoch hinter Gittern. Und hinter vielen Gittern konnte man die schönsten Vogelarten bewundern. Ein weißer Strauß öffnete seinen Federkranz, und ich versuchte, ein Foto zu machen, aber es wurde nicht hinreichend so prächtig wie seine Federkrone wirklich war.

Wir nahmen zwei Bier, zwei Steaks und Frites und einen halben Liter Weißwein zum Nachtisch. Zum Nachtisch setzte sich auch die Kellnerin zu uns, da es wenig Leute hatte, und sie plauderte munter über Volk, Angewohnheiten, über die verschiedenen Beaches und gab uns mehrere brauchbare Tips. Sie sprach ein verständliches Englisch, und obwohl sie von Gestalt aus nicht besonders smart war, versprach sie mit ihrem Münchner Ausschankbusen allerhand Einblick, was meinem Mann ganz gut gefiel, denn er bestellte einen weiteren halben Krug des eher süßlich schmeckenden Weißweines. Ihr charming Ausdruck in ihrem blassen Gesicht, leicht sommerbesproßt, und ihr aufgestecktes rötliches Haar waren typisch australisch. Als sie den

zweiten Krug brachte, dachte ich mir heimlich, daß sie „Mangos“ freilich keine mehr nötig hat, aber vielleicht etwas Tiefergreifendes.
Wie ich Larson so betrachtete, als er einige spaßhafte Komplimente von sich gab, war mir klar, daß wir noch des öfteren zu „Bird's Garden“ kommen würden, und so wollte ich an diesem angebrochenen Nachmittag auch keine weiteren Vogelaufnahmen machen, da ja die Animation der Sünde schon in der Luft schwebte.
Wir kauften an der Kasse noch einige Drinks, Süßigkeiten, Kaffee, verpackte Salami und zwei Spezial-Brandy für Larson.
Ich wollte zwischen 16,00 und 17,00 Uhr beim Y. K. Felsen am Strand sein, in der Hoffnung, Colin zu sehen. Mein Fieber des Verlanges stieg, meine Maske war locker. Larson würde bestimmt noch ein bis zwei Brandy trinken, ein Stündchen schlafen, und danach würden wir verliebt, vereint am Strand entlang schlendern, in den unwahrscheinlich schnell verlaufenden Sonnenuntergang hinein.
Am Straßenrand kauften wir noch eine Melone, Zitronen und Tomaten, ganz frisch aus dem Eisschrank.

Entlang der einzigen Straße, dem Highway, gab es immer wieder sonnengedeckte Buden mit Frigidaires, und dort verkauften die Mädels oder Jungs der Kleinfarmer Früchte und alkoholfreie Getränke. Alkohol zu bekommen, war speziell schwierig, aber nun kannten wir ja schon den Shop on Trinity's und vor allem Bird's Garden mit der liebreizenden Kellnerin. Die Gefahr des Alkoholausschankes lag hauptsächlich darin, daß die Aboriginals davon zuviel bekamen. Deshalb hatten die meisten Restaurants keine Licence, da die Natives bei übermäßigem Genuß unberechnend und angriffslustig werden.

Jedenfalls war unser Rubbish outside the Kitchen stets mit Flaschen voll — hauptsächlich Campari, Schweppes und Brandy. Sekt war sehr teuer und für unseren österreichischen Gaumen beinahe ungenießbar. Ein bißchen peinlich waren uns die vielen leeren Flaschen schon. Es schien fast beschämend, doch unsere Trinkfreudigkeit war wegen des ungewohnten tropischen Klimas, der allgemeinen Ausgelassenheit, unserer Unbekümmertheit und der Ferne zur Heimat enorm. Es sollte ja nur ein kurzes Vergnügen sein, und jeder von uns beiden wollte dies auf seine Weise genießen.
Larson zog sich nach der Ankunft in unserer Lodge nach zwei weiteren Brandy sofort auf unsere breite hellgrüne Wiese zurück, denn er konnte diese frühnachmittägliche Hitze schwer ertragen. Dies wiederum gab mir den Vorteil, in meinen vielen Bikinis zu wühlen, mir ein leichtes Badekleid überzuziehen und ihm einen „Sleep-light-Kuß" zuzuhauchen. *„See you about 16,00 Uhr in or outside the pool."*
Ich machte mein Gesicht noch etwas frisch und ging auf Zehenspitzen in die abnorme Hitze.
Da habe ich gewartet und gewartet! Diese Minuten des Wartens, dieses leise Bangen um sein Kommen und die Anspannung in meinem Körper machten mein Verlangen noch intensiver. Die Sehnsucht nach seinen Händen, nach jedem einzelnen Finger, schwellten meine Brüste mit so einem Unbehagen, daß ich einer Ohnmacht nahe war.
Zu alldem verspürte ich in mir die Angst, Larson würde nicht schlafen können und vielleicht doch zum Strand nachkommen. Ich setzte mich auf die mir schon vertraute Bank neben den lila, orange- bis rotfarbenen Bougainvilleas und den pinkfarbenen Hibiskusblüten, in meinem ebenfalls pinkfarbenen Badedreß. Über mir die Palmen, die leicht im Winde

rauschten — bestimmt würde bald Regen kommen, man konnte dies an den Bewegungen der Palmenblätter und ihrem rauschenden Geflüster genau erahnen. Doch noch war eine brütende Hitze in der Luft —eine eigenartige Stille — keine Menschen am Strand, nur einige Fischer, die ihre Angeln zum Zeitvertreib auswarfen, konnte ich weit drüben an der Halfmoonbay erkennen. Die eigentliche Halfmoonbay nannte ich Honeymoonbay, so zum Spaß für Larson und mich. Immer noch wartete ich. Er wohnte oben auf dem Hügel von Yorkeys Point, in diesem einzigartigen Hotelkomplex, der nur für die Eigentümer der Apartments zugängig war. Wohl konnte man diesen wunderschön angelegten Hotelkomplex und seine Anlage mit Swimmingpool von hier aus erreichen, aber überall war „entrance not permitted“ oder „only private“ zu lesen, und bei dem geringsten Versuch hineinzukommen, war der Gärtner zugegen.

Heute sollte ich Colin zum zweitenmal sehen. In meinem pinkfarbenen, knappen Bikini, mit meiner dazupassenden Schleife im Haar, fühlte ich mich etwas verschüchtert und dazu auch noch kindisch. Jedenfalls Larson, der zehn Jahre älter ist als mein Fremder, gefiel ich zumeist.
Bei all diesen aufkommenden Zweifeln verflog meine Angst, als ich ihn ein wenig später mit dem Fahrrad von der Honeymoonbay — mit dem etwas ernsten, doch verschmitzten Lächeln — meiner blumenreichen Laube entgegenfahren sah. Kurz abbremsend blieb er vor mir stehen, seine langen braunen Beine ließ er gekonnt von den Pedalen auf den Boden streifen, und unter seinen knappen, hellblauen, verwaschenen Shorts erkannte ich über den Sattel aufwärts streifend seine Männlichkeit. Ein hellblaues Hemd hatte er über seinen Nabel gebunden. Der Gedanke an einen Papa-

gallo ließ mich nicht los, doch er zeigte keine weiteren Allüren dieser Art. Einfach schwang er sich vom Rad, lehnte dieses an eine nebenstehende Palme und zog mich kühn von der gerade noch beschützenden Bank, nahm meine Strohtasche in die Hand, zog meine Korkschuhe aus und klatschte mir leichtfertig auf den Hintern.

„Wie lange hast du Zeit? Schläft Larson?“ – *„Normalerweise wollten wir uns in einer Stunde im Bungalow treffen, um uns eventuell beim Golfplatz umzuschauen.“* – *„Don't worry, ich zeige dir das Panorama vom Hotel, in dem ich wohne“*, und schon krochen wir durch den Busch eine Abkürzung hinauf zum Hotelkomplex. Es war nur der Gärtner am Swimmingpool zu sehen, dieser grüßte freundlich, und wir schlenderten um den gewaltigen Bau. Das Meer war leicht erregt, und die Sonne glühte auf den roten Fels, den ich zum ersten Mal von oben sehen konnte. — Da war auch die Einbuchtung auf der linken Seite zu erkennen! Unheimlich irgendwie, doch die sich im Spiele abklatschenden Wellen beschäumten den Fels eher freundlich, und ich sah keine Gefahr darin. Wir setzen uns auf die halbhohe Mauer vor dem Hotel und blickten gebannt hinunter. *„Hast du Angst vor dem Felsen, kannst du schwimmen? Es ist tief kurz vor dem weißen Sand!“* – *„Ja – nein, doch, ich werde es versuchen – nur allein deinetwegen. Früher bin ich in großen Flüssen sehr viel geschwommen und habe getaucht, nur hier gibt es so viele Gefahren von Stingers, Haien, Krokodilen und anderen mir unbekannten Unterwassertieren. Und außerdem meine Haare – ich bin älter und eitler geworden!“* Er lächelte. *„Von der Einbuchtung aus kannst du unbemerkt hier nach oben kommen und wenn das gelbe Handtuch auf der Terrasse im Wind spielt, angeknotet bei meinem Apartment, bin ich sicher allein zu Hause.“* Wohl dachte ich in diesem

Augenblick an andersfarbige Handtücher und Frauen. Nur mußte ich ihn unentwegt anschauen, fand unter seinem dunkelbraunen Blick jedoch keine Antwort. Ich muß gestehen, daß ich derartig undurchschaubare Augen gar nicht so gern habe, aber diese hatten etwas Naturbelassenes, Waldhonigfarbenes, Beruhigendes.

Er ließ meine Tasche und Schuhe fallen und nahm mich leicht bei den Schultern. *„Morgen, wenn du Zeit findest, schwimmst du um den Fels, läßt deine Sachen auf der Bank – es nimmt hier niemand etwas – und ich werde dich von oben aus beobachten und dann zu dir hinunterkommen."* Ich fühlte mich etwas beunruhigt, drückte dennoch meine Lippen auf seine Augen und stimmte wortlos zu.
Da näherte sich sein Mund dem meinen, und wir versanken erneut und immer wieder erneut in einen unendlichen Kuß. Langsam tastete er meinen Rücken hinunter, fühlte alle meine Konturen, preßte meine beiden Backen seinen Shorts entgegen, so daß ich ihn unwillkürlich spüren mußte. Ich wollte mich und konnte mich dennoch nicht diesem wohligen, warmen Gefühl entziehen. Bald schlichen sich sein Daumen und Zeigefinger zu meinen Schenkeln hinauf, und eine wonnigliche Lust spürte ich in meinem Körper aufflammen, wie plötzlich seine Finger in mein Bikinihöschen schlüpften. Meine Haare sträubten sich dort unten, doch seine behutsamen Finger kitzelten mich da, wobei es wohl jede Frau bis in die Zehen durchströmt. *„Nicht, nicht, Colin, nicht mehr bitte."* Und so zogen sich auch seine Hände langsam von der Stelle, über mein Gesäß mit einem merklichen Druck entlang des Rückens zu meinen Schultern streichend und wir umarmten uns noch geschwind, wie ertappte Kinder. *„See you everytime tomorrow!"*

Larson schlief bei brütender Hitze noch im Bungalow. Ich schlich mich zu ihm unter das Leintuch und streichelte wie eine baldriantrunkene Katze seine Brust und seine Männlichkeit, bis sie prall in meinen Händen erwachte. Auf meinen Lippen brannten noch die Küsse Colins, und ich nahm mit diesen Lippen Larsons Glied in meine Mundhöhle und begann ein Spiel, von dem ich nicht wußte, mit wem ich es trieb. Mein raunender Kater benutzte auch bald die Gelegenheit, mich ganz auf sich zu ziehen und stieß sein göttlich erregtes Kleinod dorthin, wo gerade noch die Finger eines anderen meine Lust anzufeuern begonnen hatten.

Wir gingen nicht mehr zum Golfplatz. Von der Liebe ausgehungert kochte ich Spaghettis mit Sugo und servierte in unserer kleinen, doch immerhin lieblichen Lodge, mit viel Parmesan und schwerem Rotwein, unser Liebesdiner. Wir hockten noch lange bei unserem schmalen Küchentisch, bedingt dadurch, daß die Hälfte des Tisches mit meinem Tagebuch und Ansichtskarten-Krimskrams angefüllt war. Aber dies störte Larson nie. Auch zu Hause in unserem Hexenhäuschen mit dem zehn mal fünf Meter großen Swimmingpool lagen immer überall Blätter, Hefte, Stifte, französische, spanische, italienische und englische Duden, Übersetzungen und vieles andere herum. Dieser besondere Mann mag eine unaufgeräumte, jedoch saubere, doch stets den Besucher in Verlegenheit bringende Wohnung. Auch ich empfand meine Unordnung ästhetisch, obwohl ich mich deshalb entschuldigte und binnen Kürze alles an den richtigen Platz brachte. Nur wie lange?

Den nächsten Tag fuhren wir, obwohl wir auch hätten gehen können, zur Halfmoonbay — für mich Honeymoonbay. Wichtig war, daß wir noch beim Übertreten zu den Sandbänken auf den Grund sehen konnten und gegen drei Uhr nachmittags wieder zurückkehrten, da der Creek um diese Zeit anzuschwellen begann und Süßwasserkrokodile immer wieder bis hin zum Salzwasser des Meeres kamen. Ich erfuhr dies erst später beim Friseur, sonst hätte ich meinen Liebling nie über die gefährliche Stelle gebracht. Wir gingen also das erste Stück entlang auf der sandigen heißen Erde, immer mehr schon im heranspülenden kühlen Naß. Doch plötzlich geschah es, daß eine nicht zu erwartende Woge gegen die freiliegende Bucht prallte und meinen Mann in den schlammigen, sich aufkrönenden Sand niederzog. Ich schrie *„help, help, please help us.“* Doch die wenigen Menschen waren weit entfernt und konnten mich sicherlich nicht hören. Larson hielt immer noch in der rechten Hand die kleine Kühlbox, die wir in Noosa Head erstanden hatten, und war bemüht, aus den schlammigen Wellen herauszukommen. Ich versuchte seinen Arm zu erreichen, an ihm zu ziehen, ihn zu halten, letztlich ganz gleich, ob ich mit ihm untergehen würde oder nicht. *„Help! Help! Please!“* Hinter einem Eukalyptusbaum mußte jemand unsere Schreie gehört haben, rannte nackt auf uns zu, zerrte an meiner schon halb ins Wasser hineingezogenen Taille, während ich weiter an Larsons Arm zog, der noch immer die Box über Wasser hielt, wie ein dämlicher Engländer, der sich der Sachlage nicht bewußt war, mit Kopf und Rumpf ganz unter den schlammigen Wellen. *„Bemüh' dich“*, schrie ich. Der Fremde konnte dann auch noch den Arm meines Mannes fassen und stieß mich zurück auf den trockenen Sand.

Angst und Aufregung standen uns ins Gesicht geschrieben, bis Larson wieder atmen konnte, und erst dann wurde uns diese überaus gefährliche, grausame Situation bewußt. Erst jetzt blickte ich zu unserem Helfer auf und erkannte Mango. Mango, ich mußte ihn umarmen, immer wieder dankend, bis auch Larson ihn erkannte und erschöpft zu ihm sagte: „*Thank you so much! Mango.*" Wir waren glücklich und öffneten die Box, um ein Bier zu trinken. — „*Moment*". Mango kam gleich wieder, mit einem Handtuch um seine sündhaften Hüften geschlungen. Beim Öffnen des Bieres war eine seltsam kleine Freundschaft unter uns entstanden.

Das Leintuch hatte sich um unsere Körper verschlungen, und ein angenehmes Gefühl durchrann unsere leicht klebrigen Schenkel. Ein plötzlicher Regen ergoß sich auf das Dach unserer Lodge und prasselte auf die dichten Palmenblätter. Ein warmer Regen, der nicht lange anhalten würde. Mein Liebling holte vom Vorgarten der Laundry die Badekostüme herein, während ich mich für den abendlichen Empfang bei meiner Schwägerin auffrischte.

Die Frösche quakten aus Freude über das Naß vom Himmel. Ich war fröhlich gestimmt. Für solch einen Abend trug man nichts besonders Elegantes, man wollte nicht europäisch oder overdressed wirken. Die Männer trugen zumeist lange Hosen, ein T-Shirt oder ein aufgekrempeltes Hemd, außer man ging in einen Club, da zog man den typisch australischen Beamtendreß an: weißes Hemd, dunkelblaue, knielange Hosen, weiße Kniestrümpfe und schwarze Slippers. Ein köstlicher Anblick! Ich konnte mich deshalb stets sehr amüsieren, sehr zum Ärger meines Mannes und auch meines Schwagers: Österreicher in Hot Pants!

Aber ein Jahr danach haben wir diesen Ulk nachgeäfft, auf einer Sylvester-Private-Party, und es war ein besonders gelungener Spaß! Nun, für den Barbecueabend bei unseren Verwandten und deren Freunden zog ich ein harmloses, kornblumenblaues, über der

Brust gezogenes, voller Hibiskusblüten eingewebtes Kleidchen an, mit dem passenden Bikini darunter. In Queensland trug ich statt Unterwäsche stets Bikini, dies war nicht einfallslos, sondern äußerst praktisch, da man bei einem eventuellen Sturz ins Wasser oder anderen Stürzen nie in Verlegenheit kam. Für das Haar, welches sehr lang und schwarz über meine Schultern fiel, nahm ich zwei kleine, unscheinbare Kämmchen mit daran baumelnden Coralreef-Muscheln. Die Verführung meines Yorkey Knobianers gab mir das unterschwellige Gefühl des noch einmal Jungseindürfens, und als ich mich frisierte, spürte ich seine feinen zarten, leicht schon fordernden Handgriffe und fühlte dennoch, wennschon sehr leichtfüßig, die Obhut meines wie immer galanten, smarten, spitzbübischen und so lieben, verliebten Mannes. Also, Exaltiertheiten konnte ich mir leisten, meine Seele fühlte sich unterstützt. Der Regen beruhigte sich, und die knapp siebzehn Kilometer im orangefarbenen Hertz-Wagen genossen wir in der untergehenden Sonne. Ich legte — wie stets — meine Hand zwischen Larsons Beine, wennschon ich diesmal meine Gedanken an andere Schenkel verlor. Glücklich, fröhlich, träumerisch war mein Herz.

Nach dem kurzen Regen stach die Sonne wieder kräftig auf unser Blechdach, und die warme feuchte Luft durchglühte nicht nur meine Wangen. Für den Abend übertünchte ein sanftes Makeup meine obligate Indianerfarbe. Ich freute mich auf die angehende Nacht und Susans liebe Freunde. Bei der Ankunft bei Schwager, Schwägerin und Alex gab es ein großes *„Hallo“*. Mir schien, Susan hatte alle ihre neuen Nachbarn zusammengerufen, um uns als österreichische Attraktion herumzuzeigen. Viele ältere Ehepaare und Dreißig- bis Vierzigjährige, deren Partnerschaft und

Namen bei den vielen *„Hallos“* und *„How do you like Australia?“* nicht mehr überschaubar waren, waren da. Larson ließ die von Herzen kommenden Begrüßungen genüßlich über sich ergehen. Bei den älteren Damen erkannte ich sofort den „Oben nach Unten“-Blick, und ich akzeptierte, daß ich nicht unbedingt anerkannt wurde, was meinem eher schüchternen Schwager, mit seinem Autofahrerblick, sofort auffiel. Ich blieb eher, unschuldigen Blickes einhersehend, leicht angeregt vom köstlich servierten erfrischenden Früchtepunsch, und es wurde mir auf der Stelle klar, daß es auf dem fünften Kontinent ebenso ist, wo immer auch Frauen dabei waren. Ich spielte ganz auf naiv, freute mich über die Anerkennung, schloß für einen Moment meine Augen und atmete die schwüle, auch dort schon verdorbene tropische Luft ein.

Ein riesiger Barbecue war aufbereitet, und jeder suchte sich einen Sitzplatz auf den urigen Baumstämmen, die um einen großen Tisch herumstanden. In einer in der Nähe stehenden eisgefüllten Wanne befanden sich eine Unzahl verschiedenster Bierbottels, Whiskys, Wasser und ähnliche Getränke. Es sollte eine beinharte Nacht werden!
Das viele Bier gab mir den Anflug von leichten Amüsements. Susan hielt eine kurze deutsch-australische Ansprache, mit der Bitte, jeder möge sein Fleisch selbst auf den Grill legen und sich um seine Getränke kümmern, was auch prompt im Ansturm geschah.

Ein ziemlich braungebrannter, sommerbesproßter Mitvierziger trat an meine Seite und legte ein riesiges T-Bonesteak auf den Grill. *„High! I am Dick the Digger. You are Australian?“ – „No, from Austria.“ – „My wife and her mother are from Hamburg. Funny! I can't speak German. What's your name, do you want a Steak?“ – „Call me Liz.“* Er lächelte, legte das Fleisch auf den Grill und beim Aufflammen des Öles bemerkte ich erst seine von vielen Falten umrandeten wildbachwasserfarbenen Augen. Er mußte einmal sehr schön gewesen sein. Eine schmale Nase, herbe Lippen, ein herzlich breites, offenes Lachen, nur seine Zähne waren vom vielen Zigarettendunst schon ziemlich braun. Ein smarter Typ; ich hätte ihn umarmen können vor Freude, so einen australischen Typ getroffen zu haben, doch seine unförmige Mam stach mit stählernen blauen Augen in meinen Rücken. Ich erzählte ihm, was wir noch alles in den nächsten Wochen vorhätten. *„I am searching for gold, perhaps your husband, Gert and you can manage to come for some days with me.“ – „Thanks, it would be an adventure.“ – „See you later!“* Mein Steak war inzwischen richtig schwarz geworden und ich bedeckte es mit viel Hotketchup und suchte mir einen Platz in der Nähe Larsons. Er sollte mich nicht aus den Augen verlieren, denn seine Anhänglichkeit, Liebe und Sorge schätzte ich allzusehr; wenn schon ich bisweilen Gedanken und Träumen meinen freien Lauf ließ.

Susan war eine gekonnte Gastgeberin und unterhielt in der Hauptsache die noch nicht einander bekannten Gäste, während Alex und drei andere Jungs ein kleines, ungefährliches Feuerwerk entzündeten, denn in den tropischen Städten ist dies wegen der Trockenheit polizeilich nicht erlaubt, sowie ja auch die Zuckerrohrernte gewissen Bestimmungen unterliegt.
Der Garten des auf hohen Pfeilern stehenden weißen Holzhauses war groß und die Nachbarn freundlich — vielleicht waren sie teilweise auch auf dem Empfang. Die Nacht wurde immer bierfeuchter, und es wurde getanzt, getratscht und geflirtet. Immer wieder gab es eine neue Überraschung, und selbst Rolfi, der Schnauzerhund, tollte die ganze Zeit mit. Ein Ehepaar mit

Wohnmobil war schon zwei Tage davor aus Sydney angereist. Sie hatten acht Tage Ferien bei Susan und Gert eingeplant, ein lustiger Berliner mit seiner Frau. Gert hatte mit Susan — von Sydney kommend — in Cairns einen Coffeeshop ohne Alkohol-Lizenz in guter Lage gekauft und boten Hamburger, Weißbrötchen mit Salat und Shrimps oder Hummer dazwischen, Ham and Eggs und sonstige Kleinigkeiten mit allen alkoholfreien Getränken und Speiseeis an.

Diese Empfangsnacht mit Punsch und Bier und allen möglichen anderen Getränken zwischendurch zwang uns, die restliche Nacht bei unseren Verwandten zu verbringen, da in Australien bei geringstem Alkoholgenuß strengstes Fahrverbot besteht. Folglich tobten wir weiter, der aufgehenden Sonne entgegen. Larson war, wie bereits obligatorisch, der Erste, der sich auf den Rand des Swimmingpools stellte und eine Wette mit Dick einging, daß er bei Aufgang der Sonne im weißen Dreß samt Tropenhut in den Pool springe. Beinahe alle Damen wetteten auf *„no"*, nur Susan sagte: *„Ich kenne doch meinen Bruder"*, und ich und Heinz glaubten es auch. Wir Ja-Sager stellten uns auf die andere Seite des Pools, und beim ersten Sonnenstrahl rief Heinz: *„One, Two, Three!"*, und Larson sprang, begrüßte uns — galant seinen Hut schwenkend — und zog seine Schwester und mich ebenfalls ins Wasser, unter allgemeinem Gelächter der noch übriggebliebenen Gesellschaft. Auch diese taumelten dann mit ihren Gläsern ins Wasser, und das Einstandsfest endete erst beim Geklapper des Mülltonnenabholwagens.

Der warme Morgen begann — die Gäste der nahegelegenen Bungalows eilten noch triefend naß nach Hause, und die zurückgebliebenen Männer legten sich halbtrocken auf Matten, und die Frauen hängten ihre Kleider auf die Trockenspinne, und um unsere durchfeier-

ten, schwebenden Körper schlangen wir eins von Susans Badetüchern, schleppten noch den Unrat in die inzwischen geleerten Mülltonnen, trugen kichernd die Gläser in die Küche und suchten uns eine ruhige Schlafecke. Alle waren müde und kaputtgefeiert. Nur Gert und ich hatten einen etwas klareren Kopf, schließlich mußte er in zwei Stunden am Markt und am Hafen sein, um für sein Geschäft einzukaufen. *„Weck mich, ich komme mit, mich interessiert der frühe Morgen."*
Und tatsächlich weckte mich Gert um 8,00 Uhr, um jene Zeit, da ich meistens Colin in Yorkeys Knob traf. Ich stieg in seinen Wagen, um mit ihm am Markt frischen Hummer zu suchen. Meine Haare waren noch feucht, auch das Kleid und der Bikini, dennoch setzte ich mich neben ihn. Mit zunehmendem Sonnenschein würden die Sachen auch gleich viel weniger klebrig an mir hängen. Ich wußte, vor Mittag würden wir nicht in Yorkeys Knob sein, und etwas traurig wurde mein Herz, doch vielleicht zu erschöpft, mit all den australischen Freunden und Bekannten.
Gert war ruhig wie stets: *„Don't worry!"* Am Hafen folgte ich seinen Einkäufen, fuhr mit ihm in den Shop, und während er seinen Angestellten Anweisungen gab, wartete ich, vergammelt von der Nacht, bis er mich zurückbrachte.
Larson war inzwischen erwacht und fuhr, nachdem er einen starken Kaffee getrunken hatte, mit mir die circa siebzehn Kilometer nach Yorkeys Knob zurück. Er öffnete meinen Wagenschlag, ganz Mann, und küßte meine Hand, indem er mir bestätigte, daß ich für ihn am Fest die charmanteste Person war. Zur Lodge zurückgekehrt, trank er noch ein kleines Bier und bat mich, ihn für drei Stunden allein zu lassen, denn er kannte meine Ameisentätigkeit nach solch ausgerutschten Nächten und wollte seinen Frieden, den er auch bekam.

Ich machte mich frisch, um einen Strandlauf zu tätigen oder zum Friseur zu gehen; jedenfalls treffen wir uns gegen 16,00 Uhr bei Jongo, dem Zeitungsmann und Ausschankladen, dem einzigen in diesem etwas belebteren Strandteil. Auch ich war müde, sehr.
Aber mein Verlangen nach einer gewissen Sehnsucht trieb mich hinaus. Ich zog einen meiner einundzwanzig Bikinis an, zum passenden Kleid, raffte meine Haare zu der gewohnten Schleifenform zusammen, nahm meine Strohtasche unter den Arm, zog die ewigselben weiß-goldenen Riemchenschuhe zwischen die großen Zehen und schlich mich zum Sandstrand auf einen Bummel hinunter. Bei Jongo kaufte ich zwei Illustrierte und bedeutete ihm, ihn mit meinem Mann bei einem Drink bald wiederzusehen. Jongo und der alte Nigger sowie der Gärtner kannten mich und meine Schliche bereits. Die Nacht hämmerte noch immer in meinem Kopf. Ich legte meine Sachen auf die — mir schon beinahe zugewiesene — Bank, streckte meinen Körper und lief ein wenig im feuchten Sand. Der Nigger begann gerade die durch die Ebbe zurückgelassenen Prawns einzufangen. Diesesmal verschmähte ich sein Angebot. *„You are a good diver, I saw you sometimes when you dived under Yorkeys Knob - o. k. it's easy when the water is calm. Look after yourself"*, grinste er mir nach. Ja, ich paßte auf mich auf. Noch etwas vom Alkohol beseelt, steckte ich mein zusammengebundenes Haar noch höher, damit ich durch die Wellenkämme mit einigermaßen trockener Frisur schwimmen konnte. — Wenn Larson dabei war, tauchte ich natürlich um den Fels, um der Sache einen etwas gefährlicheren Eindruck zu geben. Er selbst hatte ja Tiefenangst und wäre mir niemals gefolgt, es sei denn, ich hätte um Hilfe gerufen. In unserer wunderschönen, ausgeschwemmten Ausbuchtung angelangt, stellte ich mich auf und berührte dabei andächtig den Fels. Es mußten

hunderte von Jahren gewesen sein, bis das Wasser den Fels, unser Geheimversteck, ausgewaschen hatte.

Nach der nassen Freude fühlte ich mich wohl und frisch, atmete tief, machte einige entsprechende Turnübungen und blickte hinauf zum yellow towel. Colin mußte da sein, jedoch ich konnte ihn nicht sehen. Verständlich, denn schließlich waren wir ja stets morgens um 8,00 verabredet. Ich legte mich auf den feuchten Felsblock und träumte hinaus ins Meer.

Ich fand mich frei und furchtlos. Dieser Fels war wie eine Festung, zu der kaum jemand kommen konnte oder sich wagte, ihn zu umschwimmen. Denn allein dieses wechselnde eigenartige Rot bedeutete eine Art von Aggressivität. Nur Colin. — Und er kam wie Tarzan mit seinen breiten Schultern, seinem offenen Lachen und diesen mich beschützenden, doch fordernden Händen. *„Something I feel is the truth"*, rief er mir entgegen, *„a little bit I find you lovely!"* – *„Thanks, the same to you!"* Dabei zog er mich hoch zu sich und legte meinen Kopf unter seine Achsel. Nie in seiner Anwesenheit dachte ich, daß ich falsch frisiert und bekleidet wäre oder zuviel Sonnencreme und Tusche an mir hätte. Wir waren eins, ohne Frage, nur Blicke, zärtliche Hände und spielende Küsse hielten unsere Körper zusammen. Dennoch fragte ich ihn, was er eigentlich hier in Yorkeys Knob arbeite oder täte, außer Mangos auszuteilen. Er sagte uns zwar schon einmal, daß er dies nur aus Spaß mache, um Fremde kennenzulernen. Ich fragte ihn nach seinem wirklichen Job und ob er dort oben an Yorkeys Point allein lebe. Er löschte meine Fragen mit einem innigen Kuß, der uns langsam zum felsigen Boden brachte. Er nahm mein Bikinioberteil von mir und streichelte verschüchtert meine kleinen Brüste, solange bis meine Brustwarzen einer Kirsche gleich in seinem Mund Platz fanden. *„You asked me, what I am working? I am a Lifesafeguard in the season, but the season begins in February. Außerdem bin ich Buschpilot. I am fixed up with Ansett."* Es hörte sich etwas zornig an. *„Ich kann euch im Raume Queensland zu allen Inseln, Städten und anderswo hinbringen."* Meine Augen weiteten sich etwas skeptisch. *„Und du lebst allein dort oben in diesem exklusiven Hotelkomplex?" – „Nein, ich lebe mit Carron, meiner Halbschwester, sie hat den Coiffeursalon im Ort."* Ich fand ihn wunderbar, wenn er so wütend wurde und ungeniert zog ich seine Minishorts von seinen Hüften. Hervor sprang ein Phallus, für dessen Größe, Schönheit und Zustand ich nur mehr den Mund weit öffnen konnte. *„Hast du Angst?" – „Let's love us."* Er kniete nieder vor mir, beide waren wir dunkel, sein Bart im Gesicht, die Haare um sein Glied und ich. Plötzlich mit einem leisen Aufschrei stieß er in mich, schob meine Pobacken zu sich und ließ mich kommen, kommen, überschäumend immer wieder kommen, bis er dann endlich alle seine Freude in mich ergoß.

Meine Augen mußten doppelt so blau strahlen, während seine sanften im nachmittäglichen Licht fast gelbbraunen Augen mich in meiner Scham — ihm völlig seinem Willen preisgegeben zu haben — zärtlich streifften. Fest hielt er mich in seinen Armen, bis meine zitternden Knie wieder bodenständig wurden, und flüsterte: *„see you tomorrow with Mangos!"* Als ich ins Wasser schlitterte und langsam um die Ecke schwamm, trafen sich nochmals unsere unersättlichen Blicke.

Fitzroy Island

Wir hatten mit Colin eine solide, herzliche Freundschaft geschlossen. Wir ließen uns von ihm nach Green Island begleiten und erneut zu einigen Sehenswürdigkeiten. Wie ja schon erwähnt zu Bird's Garden und Harry's Krokodile Park, und er amüsierte uns mit seinen nebensächlichen Bemerkungen und seiner Vorliebe auf ein Glas Bier.
Da er ja Buschpilot und Lifesafeguard war, befanden wir uns doch eigentlich in den besten Händen. An einem Sonntag konnte auch Susan mitkommen, da sie ja während der Woche hauptsächlich im Geschäft sein mußte. Colin kam wie stets mit seinem Rad zur Lodge. Wir starteten — ich wie immer in meiner Badestrohtasche kramend — auf Anweisung meines Mannes, der nach österreichischem Recht das Kapitänspatent besitzt, gemeinsam zum Hafen von Cairns. Dort nahmen wir den Dampfer nach Fitzroy Island. Colins Augen wurden immer größer und beim Einsteigen in den orangefarbenen Hertz-Wagen war mir bewußt, daß ich wenigstens für diesen Nachmittag die Seine sein sollte. Die Verwandten waren schon da, und so erfolgte der Einstieg in einen eher donaubrüchigen Dampfer. Die für eineinhalb Stunden angesagte Überfahrt ließ mich kaum noch erschüttern, denn mein Mango war ja auch dabei. Er stand zwar stets unauffällig, um niemanden zu stören, in einem anderen Winkel, aber dennoch fühlte ich sein Dasein. Susan fragte nur einmal, warum wir denn diesen Kerl mitnehmen, der sehe doch aus, als könnte er nicht einmal eine Angel ins Wasser halten! Larson erklärte seiner

Schwester die uns eher angenehme Begegnung mit Colin und betonte seine Aufmerksamkeit, Liebenswürdigkeit, seine unaufdringliche Selbstlosigkeit und seine absolute Zuverlässigkeit. Susan, die normalerweise auf Männer eingestimmt war, glaubte ihrem Bruder und fing gottlob nicht mit Mango an. Sie amüsierte sich mit dem Captain, wie wohl auch ich zum Schein, aber mein einziger Gedanke war Colin. Diese seine zauberhaften, sich auch beim Anblick des Meeres nicht verwandelnden, waldbienenhonigfarbenen Augen blieben stets gleich. Kein olivfarbener Stich war darin zu lesen, nur Ruhe. Meine braunen Schenkel schenkten diesem Blick all mein Vertrauen, und es war mir klar, daß wir es unter Wasser aber- und abermals tun würden. Mein lippenstiftbehafteter Mund öffnete sich bei seinem Anblick ganz in der Größe seiner Eichel. Es war die Sonne und das reine Verlangen. Auch sein beinahe geöffneter Mund, dessen Barthaare willig und wollend meine Gedanken umkreisten, strotzte vor Verlangen, und wir beide konnten kaum noch die Landung des alten Dampfers erwarten.

Für die Rückfahrt sorgte Susan sich um ein schnelleres Boot. Sie hatte ja wieder einmal schon alles erfaßt. Dort angelangt, gab es für uns alle einmal einen kühlen Drink, dann gingen Susan und Larson ins kühle Innere des Restaurants, um für später einen Tisch zu bestellen. Wir verabredeten uns für five o'clock und nahmen unsere Snorkling and Divingthings mit. Alex war immer der Beste. Bald hatte er das ganze Korallenriff für mich herausgetaucht! Wir deponierten alle seine Muscheln und Korallen neben unsere Taschen auf dem kleinen Felsen, wo wir „Großtaucher" uns immer wieder zu treffen gedachten.
Bald danach beschlossen Colin und ich mit dem Einverständnis von Larson, Susan und Gert, etwas weiter

hinauszutauchen, da man von meinem Tauchkönnen plötzlich überzeugt war. Also, wir fanden Zustimmung, Alex war etwas enttäuscht, doch mit all seinen Funden ließ er sich dann doch überreden. Mein Schwager, der die absolut amouröse Situation wohl schnellstens erkannte, machte sich daran, die am Strand von uns gefundenen Muscheln in einem Tuch zu sammeln. Colin tauchte auch gleich wieder auf und zog mich, um mich nicht im Stich zu lassen, hinunter in die australischen Gewässer. Wir umklammerten uns, als hätte nur uns hier das Riff und die Sonne gehört. Ich fühlte die stählernen Schenkel, die festen Schultern und die vehemente Lust, seinen selbst im Wasser steif gebliebenen Schwanz in mich hineinzustoßen. Und dies tat er gottvoll. Ich lehnte mich an einen Fels und er stieß und erreichte mich eben dort ganz oben, wo ein Aufschrei meinerseits genügt hätte, ganz Fitzroy Island zur momentanen Unsittlichkeit aufzufordern! Aber dies wollten wir ja eben gar nicht! Nach der langen Überfahrt mit den geöffneten, fordernden Lippen, stöhnte ich nur *„Thanks"* und schwamm auf die andere Felsenseite zu, um meinem bestimmt etwas ahnenden Schwager ein Zeichen unseres Wiederauftauchens zu geben. So lief mein Schwager, der übrigens einen zwar starren, doch über alle Maßen schelmischen Kopf hatte, voraus, um für uns das Buffet anzukündigen. Zudem meinte er, Liz würde sicher noch ihre Haare fönen und im Souvenirshop herumkramen, was wiederum meinem ewig meckernden Herzallerliebsten sicherlich noch mehr Kopfzerbrechen bereiten würde, wie ich es ungewollt auch ohnedies tat.

Im Busch, von wo eine schmale Fährte zum Hotel führte, sprang ich zur Seite, stöhnte etwas auf von einem Stich, nur daß Colin, der all meinen unsinnigen

Kram an sich herumhängen hatte, nochmals auf mich aufmerksam werden sollte. Die Inselbewohner waren wegen des plötzlichen Tropenregens sofort zu dem einzigen Unterschlupf gelaufen, und so wußten wir uns ganz allein unter den Bäumen, durch die kaum der Regen kam. *„Mango, Mango“,* rief ich meinem mir nachkommenden, etwas außer Gefecht stehenden Buschpiloten zu, *„hier sind wir endlich allein im Busch, und keiner kann uns hören, nur wir beide allein, wir könnten uns nochmals, vor unserem gefährlichen morgigen Flug nach Cooktown, umarmen, allein und ungesehen umschlingen.“* Mango — Mango — er kniete sich vor mich, ließ die vielen Sachen von seinen Armen und Schultern gleiten, gerade etwas abseits des Weges, da ja verrückte, weniger wasserscheue Leute noch vorbeikommen könnten, was ich zwar für unwahrscheinlich hielt, aber als Europäer denkt man bewußter und weniger abenteuerlich als der Australier.
Ich jedenfalls genierte mich nicht, Colins knappe Badehosen bis über seine Knie hinunterzuziehen, um an seinem noch leicht gebogenen Schwanz zu lecken, ihn so mit meiner fast immer noch salzigen Zunge zu umzüngeln, daß dieser Meister von Schwanz bald mehr stand als ein doppelter Regenschirm. *„Komm' mach schon, denn wir haben wenig Zeit.“* Er warf mich auf die dunstige Erde, mit dem Gesicht nach vorne, beinahe eingerollt, und stieß wie mit einem Schwert von hinten in mich hinein. Zuerst widerte es mich an, doch als ich seine warmen Hände vorne über meine Haare streicheln fühlte und seine festen Küsse auf meinen beiden Pobacken spürte, da kam es mir gewaltig, unvergeßlich. *„Mango, Mango“,* das war ein Schrei. Mir war wohl klar, daß ich dieses Gedicht von tarzanischer, männlicher Tatkraft nie mehr vergessen und ihm widerstehen konnte. Wir wischten uns etwas mit

den halbfeuchten Blättern ab und rannten zum Hotel. Ich schminkte mich im Umkleideraum, warf meine noch etwas feuchten Haare zurück und grüßte herzlich, auch Colin, der schon mehrere Minuten, wie stets gedankenverloren, bei den anderen saß. Nur mein Schwager grinste, aber dies tat er ja stets, nur in diesem Fall wußte ich, daß ich in ihm einen Compagnon hatte. Die Überfahrt verlief bei einigem Biergenuß recht fröhlich.

Am Morgen danach fragte ich Colin: *„Du bist doch Buschpilot und Lifesafeguard, ich wohne auf einem anderen Kontinent, mag sein, daß wir uns nächstes Jahr oder ein Jahr danach wiedersehen. Du hast auf diesem riesigen Kontinent und bei deiner strahlenden Jugend so viele Dinge zu erobern, was sollen wir uns vormachen?"* Mir war schon schwer ums Herz, und ich fühlte mich unbewußt plötzlich im Dilemma, daß dieser Mann mich vielleicht ganz lieb hat. *„Komm, Colin, setze dich auf mich"*, und er setzte sich auf die von fröhlichen Blumen und Ranken umsponnene, verwitterte Bank. Er öffnete seine ohnedies nie schließende Hose, schob meinen Sommerrock nach oben, er wußte ja schon, was darunter lag, und schwang seinen Schweif in meine ihm schon wohlbekannte Spalte. Ich streichelte seine großen Mangos, und es wurde uns der Gedanke an einen baldigen Abschied klar. Wir hatten nur mehr die Möglichkeit, bis zum letzten Moment alles Erfreuliche, Liebenswerte und uns niemals Vorzuwerfende auszukosten. Dies taten wir auch!

Pourt Douglas

Am nächsten Morgen fuhren Larson und ich, frisch geduscht und hübsch gedressed auf der Highway nach Pourt Douglas, um eine dortige Apotheke und Drogerie anzusehen, vor allem aber der dortigen Coconutsernte wegen. Außer der Ernte, einem riesigen Souvenirladen, einem Shellhouse und einem über alle Maßen miserablen Essen fanden wir in diesem Ort keinen erheblichen Eindruck. Nur ein schwarzer Pudel und — Gott sei's gedankt — zwei Gläser Bier erinnern mich noch an diesen miesen Ort. Wir fuhren weiter nach Mossmen, zum letzten Ort, der hauptsächlich durch seine Zuckerrohrfabrikation bzw. Auswertung bekannt ist. Die Ernte war beinahe abgeschlossen, und so konnten wir auch nur die Außengebäude, die Schienen und Körbe, auf denen das schon geteilte Zuckerrohr hingebracht wurde, sehen. Interessant dafür waren die Eingeborenen, die Aboriginals — auch „Abos" genannt — die von einem Pub zum anderen schlenderten, um jeweils eine weitere Flasche Bier zu erstehen. Arme, dünne, leberzirrhotische Gestalten, die wir auch gar nicht mehr fotografierten, schon in der Ahnung, sie würden uns sofort die Kamera zerschlagen. Wohl machten wir einige Versuche, aber es brachte wenig.

Heinz und Ursel waren noch einen Tag da — leider, denn Dick the Digger lud uns auf eine Safari ein, sozusagen zum Goldsuchen. Ich ließ, wie immer, gleich am nächsten Tag die Haare bei Carron waschen und bat sie um eine Fußpflege sowie Rückenmassage. Meinen Mann bestellten wir für 12,00 Uhr, damit er nicht

zu lange warten müsse, da er ja meinem Schwager versprach, ihm an diesen anderen Tag noch die Versorgung für sein Geschäft zu erledigen. Wir verabredeten uns alle gegen 17,00 Uhr bei Mr. Ogos Barbecuetischen oder, uns eben in unserer Lodge zu treffen.
Mein Schwager Gert versprach, mit Susan, Alex, Heinz und Ursel zu kommen. Eventuell auch mit Digger, um den Ausflug zu planen. Bis zu ihrem Kommen war noch genug Zeit, um im Swimmingpool zu schwimmen. Ich ließ vom Butcher das Fleisch kommen, steckte meine Haare hoch, entschloß mich aber dann doch, ins Meer schwimmen zu gehen.
Bei Carron lockten mich schon die beiden gelben Kämmchen mit den an den Seiten baumelnden Federn. Ich kaufte sie mir dann auch, obwohl ich ja eine Menge von diesen eher kitschigen Dingen hatte, aber für die heiße australische Sonne paßten sie. Ja, zurück zu Carron. Als sie hörte *„see you later“,* und da sowohl ihre Chefin als auch die zweite Kraft an diesem Tag nicht anwesend sein würden, verschloß sie die Tür mit der Aufschrift: *„Coming afternoon!“* Ich bemerkte dies wohl und dachte dabei, daß sie mich in einem Zug bedienen wolle, doch später erstaunte mich ihre Absicht nicht mehr. Sie machte die Fußpflege mit äußerst perfekten Handgriffen, die ich vorher nicht kannte. Auch balinesische Hände wären ihrem Handwerk dieser Kunst nicht ebenbürtig gewesen. Sie war von einer mäßigen Schlankheit und einem unübersehbaren Charme, und ihre an mich in bestem Schulenglisch gestellten Fragen waren perfekt. Nach der Fußpflege massierte sie meine Füße mit noch speziell versehenen Duftstoffen, was ein leises Gefühl eines eigenartigen Kribbelns in meine Schenkel hochkommen ließ. Sie fragte dabei, ob mir ihre Fußmassage wohltäte. Ihre Frage kam nicht so unbegründet, denn erst jetzt erinnerte ich mich an das Verschließen der Türen.

„Nimm deine Kleider von dir", — ich fragte bloß, ob ich mein Höschen anbehalten könne. Da lächelte sie mit ihren aufgeworfenen Lippen und haselnußfarbenen Augen, *„yes, du kannst, aber ich arbeite lieber und besser, wenn ich dich glatt über den Rücken einölen kann."* Ich tat schon allein dieses Lächelns wegen alles, was sie von mir forderte. Und da ich mich meiner Figur nicht zu schämen brauchte, ließ ich selbst das kleine Nichts von Bikinihöschen herunter.
Es gab drei Spiegel, und ich erinnere mich, daß ich darin gar nicht so häßlich aussah. Während ich so ein Weilchen meinen Körper betrachtete, bemerkte ich nicht, daß Carron sich auch all ihrer Klamotten entledigte. Ich starrte sie ein Weilchen an, während sie mir bedeutete, *„es ist nur des Öles wegen"* — und damit sie sich nicht wieder frisch umziehen müsse. Ihre Brüste waren besonders klein und sicherlich ganz hart und fest. Ihre Taille war dünner als die dünnste österreichische Birke, und das Dreieck war breit, pechschwarz geringelt und wunderschön, daß selbst ich als Frau meine Besinnung hätte verlieren können. Ein Mann hätte sich schon beim Anblick verloren und sich dabei vergessen. *„Wie liebst du es, das Öl?"* — Ich war noch gar nicht bei der Sache. *„Die Beine bitte weniger fest, wegen meiner inneren Venen, sonst: do it you ever believe!"* Sie fing mit überaus zart streichelnden Bewegungen bei meinen Schultern an, und langsam, sorgfältig ölte sie mich vom Nacken bis zu meiner mittelmäßigen Taille, ganz besonders griffig aber meine straffen Backen ein. Dabei bemerkte ich, daß sie in den an der Decke hängenden Spiegel lugte, wiewohl auch ich das tat und sie mit ihren flotten, zarten Fingern auch meine Vorderseite — an der ich keine Massage verlangt hatte — fast zärtlich einölte. Doch ich tat so, als ob ich nichts bemerke. Sie sagte: *„liebst du das?"* und küßte dann meinen Nabel.

Aus der Goldsuchertour mit Dick wurde nichts, und so planten wir für den darauffolgenden Morgen einen Ansett-Helikopterflug nach Cooktown mit unserem Freund, dem Buschpiloten Colin. Diesen sehr, sehr frühen Morgen sollten wir also mit unserem Buschpiloten nach Cooktown starten. Mir persönlich war die Stimmung nicht ganz geheuer, obwohl gerade ich ihm mein volles Vertrauen schenken sollte. Auch Heinz wollte mitkommen, und so fanden wir uns, mein Mann, mein Schwager und ich, um 6,00 Uhr morgens am Flughafen ein. Was mich betraf, so sah ich schon bei Heinz seiner Begrüßung, daß ich nicht der gefragte Typ für Cooktown war, denn meine Aufmachung entsprach eher der für einen Besuch des Sydney-Operahouses. Ich ahnte es wohl, doch meine Vorstellung von „Town" gab meinem Kopf den Wink, endlich wieder einmal schicker auftreten zu dürfen als die Tage zuvor. Deshalb zog ich auch meine weißen Schuhe und ein Leonhardfashion-Kleid mit passendem Bikini an, denn mir Bauer war klar, es ging in die Stadt — nach Cooktown! Meine langen Haare hatte ich zu einem Pferdeschwanz mit glitzernden Kämmchen getrimmt und saß nun wartend, während ich einen Kaffee trank und zwei der steril verpackten Käsesandwiches mampfte, bis unser bzw. mein Pilot kam.
Er kam, gekleidet in dunkelblaue bis zum Knie reichende Popelinhosen, reinstweißem Pilotenhemd, weißen Kniestrümpfen und den üblichen beamtenpflichtigen Slippers. In der linken Hand trug er eine nicht mehr ganz neue, eckige Aktentasche, die darauf schließen ließ, daß er des öfteren schon geflogen sein muß. Er begrüßte uns eher sachlich, geradeso als hätte er uns noch nie gesehen. Ich persönlich dachte an seine „Vögeleien" und lächelte in mich hinein — er hatte dies wohl auch gespürt! Wir hatten auch noch ein ziemliches Stück über die Landebahn zu gehen, fixten

in einem für uns Europäer unmöglich kleinen Büro unsere Seats und krochen in einen nahegelegenen Helikopter, von wo aus unser Pilot sofort seine Anweisungen entgegennahm. Ich saß rechts hinter Heinz. Mein Schwager und mein Mann waren in der letzten Reihe des Minivogels.

Ich fotografierte während des Fluges bisweilen auch das unter uns liegende Korallenriff, aber im steten Gedanken, nicht in diesem kleinen Vogel, sondern irgendwo sonst abseits der Cooktownküste gevögelt zu werden. —
Schwierig genug, aber es gelang auch diesmal. Dieser hübsche junge Mann startete exakt der Sonne entgegen — nur ganz selten bekam er Advices vom Flugtower, und man konnte ja von alldem nichts verstehen. Er ging tiefer, flog eine Runde, und nach einem beinahe Zweistunden-Flug, wagte er auch nur einmal einen Blick zurück zu mir. Ich meinerseits dachte nur an sein junges, offenherziges Gesicht mit seinem beim Flug tiefsinnig, ernsthaften Blick. Colins Gedanken erfaßten auch die meinen — und er war sich meiner Andacht und Bewunderung über seine Flugkenntnisse bewußt. Unter uns lag gerade Green Island, sehr bekannt und berühmt! Dann kamen wir der Buschgegend in die Nähe und landeten in Cooktown.
Eine kurze Landebahn und ein filmisches Aussteigen aus diesem Helikopter. Wir wünschten uns alle eine Erfrischung und ein Airtaxi, das uns aber erst in circa vierzig Minuten erreichen sollte, die genügten, um uns nach einem frischen klaren Schluck Wasser im Aufenthaltsraum zu entspannen.
Nach einer Ruhepause forderte Colin die Männer auf, sie könnten sich ruhig auf die Landebahn begeben und den Helikopter ansehen, der geöffnet war; er würde inzwischen seinem Funkmann, der gleich um

die Ecke einen kleinen Bungalow bewohne, einen kurzen Besuch abstatten. Die Männer verließen mich, und ich verschwand auf die Damentoilette, um mich etwas frisch zu machen. Colin fragte mich, nachdem unsere Herren schon mit den Kameras bewaffnet unterwegs waren, *„magst du mit zum Funker gehen?“* – *„Sure, I want it.“* Doch Gil, der Funker, war nicht anwesend, und so setzten wir uns, von der Hitze etwas erschöpft, auf die dortige Hollywoodschaukel. *„Komm, Darling, lege deine Hände auf meine Männlichkeit und umschmuse mich für diesen kurzen Augenblick, bis wir wieder auf die Crew stoßen.“*
Erhitzt und kräftig fühlte ich nach seinem Glied und er ließ sofort die Knöpfe seiner Beamtendreß aufspringen, und ein ungeahnt großer Phallus suchte durch mein knappes Bikinihöschen seinen Weg. Ich schrie beinahe, als er, mit mir gleichzeitig kommend, gerade noch meinen Mund mit dem seinen verschließen konnte. Er drückte mir ein weiches, parfümiertes Taschentuch in die Hand und entzog sich meinem ihn stets anhimmelnden Blick mit den Worten: *„Ich muß mich um die Herren kümmern!“* Zudem konnte die Chauffeuse des Taxiunternehmens jeden Moment anrauschen. *„Don't be jealous, she is a tiger!“* rief er mir noch zu.
Sie war ein Tiger, mit rotem Haar, riesigem Busen, einem charmanten Lächeln mit einem meeresblauen, frechen Blick. Daß wir uns nicht mochten, war mir trotz all meiner freundlichen Fragen von vorneherein klar!

Auf einer rötlichen, staubigen, geschotterten Straße, entlang des Busches, wie ich ihn noch nie so üppig neben mir sah — beinahe furchterregend und abenteuerlich —, führte sie uns in circa dreißig Minuten nach Cooktown.

Allein, wenn ich auf mein Schuhwerk hinuntersah, wurde mir bewußt, wie lächerlich ich erschien. Jedoch meine Gedanken weilten mehr bei Mango, der mich vor lauter Liebeslust beinahe in den australischen Himmel befördert hätte, aber dieser üppige Busen dieser unförmigen Chauffeuse ließ mich eine Zeit lang im klaren, daß mein Mango, dem ich doch gerade alles abgenommen hatte, während der knappen Mittagszeit seinen Saft erneut in diese ungustiöse Unterleibsdrossel spritzen ließe. Beim Anblick seines feinen Gesichtsausdruckes konnte ich mir dies kaum vorstellen. Aber Männer kennen zu wollen, dies lernte ich wohl noch!
An einem berühmten Friedhof machten wir halt und lasen einige Inschriften der dort Begrabenen, unter anderem von einem Grab mit einer besonderen Aufschrift, und zwar eine Erklärung der nach Gold suchenden Chinesen vor circa hundert Jahren. Einem Chinesen, der bei der Goldsuche verstarb, hatte man dort ein Denkmal gesetzt; er wurde aber nach althergebrachtem chinesischen Recht in seiner Heimat begraben, wobei man vor der Überführung nach China in seine ausgehöhlten Knochen den dort gefundenen Goldstaub versteckte, um auf diesem Wege das Gold nach China zu bringen.
Bereits als ich den englischen Text des Memorial nur so zum Spaß und für Larsons Kamera vorlas, fiel mir auf, daß Colin und dieses stets aus der Sonne entfliehende Wesen etwas miteinander tuschelten. Klar war es mir auf der Stelle und nicht viel später auch sichtbar.
Auch mein Schwager und Heinz erkannten dies, aber mein Mann interessierte sich kaum für diese fette, doch charmante Frau — so wie er auch Cooktown den *„Arsch der Welt“* bezeichnete. Arsch mochte das richtige Wort gewesen sein. Anschließend brachte uns die immer lächelnde Person zu Cooktowns erstem Mu-

seum, in dem uns hauptsächlich die Schiffahrtsroute, die Schiffsbrüche und die menschlichen Plagen von Captain Cooks Besatzung interessierten. Die Zahnpflege interessierte uns deswegen, da uns deren grausame Methoden einen wahrhaftigen Schock bereiteten, da wir hauptsächlich Freunde aus der zahnärztlichen Branche haben, und so nahm ich mir von da auch einige Karten mit, um diese an besagte Freunde zu schreiben. Ich zog mich deshalb auf eine selten begangene Terrasse zurück, die mir den Blick auf eine Art hinterhöfische Scheune freigab.
Ja, und da erkannte ich diese weißhäutige Nudel. Die Träger ihres ohnedies übelerregenden, billigen Kleides waren total herabgezogen, und ihre weißen Titten regten sich dem Manne zu, der mich kurz zuvor noch mit all seiner Schenkelkraft zu sich zog.
Momentan gebannt und gespannt diesem Spiel weiter zuzusehen, verweilte ich. Sein Körper war so schön. Eifersucht und Zorn überkamen mich. Doch gleichzeitig wurde mir bewußt, daß auch ich nichts als eine herkömmliche Nutte war. Irgendwie wollte ich dieses Treiben noch verzeihen, aber nicht in dessen Barthöhle, in der ich mich so vertraut, gerettet, weit der Heimat verstanden fand.
„Don't worry", lispelte mein Schwager, als er sich draußen auf derselben Terrasse eine Zigarette anzündete, *„it doesn't matter at all."* Aber dennoch, als er wegging und ich mit meinen Blicken direkt dem Schauspiel ausgeliefert war, ärgerte ich mich weiter.
Dieses australische Luder drückte seinen Kopf weiter hinab, genau in das rötlich schimmernde Dreieck und forderte ihn auf, sie da unten mit seinen gekonnten lüsternen Griffen zu küssen, wo es nur zärtlich verliebte französische Herren tun. Am liebsten hätte ich sie erwürgt, aber dann besann ich mich meiner Verrücktheit dieses Mannes wegen und überließ ihn in

Gedanken seiner Buschchauffeuse, und schon allein meine Verwünschung, daß sein Schwanz nicht steigen sollte, befriedigte mich.
Mango mußte mich irgendwie beobachtet haben, denn beim Wiedereinstieg murmelte er leise: *„Geschäft ist Geschäft!"*

Cooktown

Persönlich konnte ich dieser, wie ich ursprünglich meinte, großen Stadt meiner Vorstellung nach nichts abgewinnen, denn es war eher eine Straßensiedlung, wo es einige Pubs, drei bis vier Restaurants und eben dieses Denkmal von Captain Cook unter Mangobäumen gab.

Das wirklich Handfesteste war ein Berliner Pub, dessen Besitzer tatsächlich ein waschechter Berliner war. Eine Freude! Etwas Besseres konnten wir uns nicht wünschen, denn auch Heinz stammte aus Berlin, und auch mein Schwager Gert und mein Mann, beide echte Hamburger, konnten da richtig mitmischen. Denen war es eine Freude, so am Ende der australischen Welt wieder einmal Gleichgesinnte zu treffen, denn die Heimat, wenn man so früh ausgewandert ist, vergißt man ja nie. Zu alledem kam ein smarter älterer Mann, nur mit Unterleibchen bekleidet, herein, der sich sofort neben mich drängte. Ich war ja auch die einzige Frau. *„Ja"*, sagte er, *„ich komme aus Steyr und bin der Bäcker, der einzige von Cooktown."* — Wir haben uns gleich nach mehreren Bieren bestens angefreundet, und er erzählte uns unter anderem, daß ihm erst kürzlich sein Neffe, ein Zahnarzt aus St. Wolfgang, einen Besuch abgestattet hätte. Wir alle waren uns einig und bestellten ein für uns ungewöhnliches Essen im Nebenzimmer. Wir fanden uns, nach einem zweistündigen Cooktown-Rundgang, wieder in derselben Bar ein.

Um es nicht zu vergessen, wir sind mit Colins Cooktown-Nutte noch auf den mit dem Auto fast nicht erreichbaren Fels und zugleich Ausblickspunkt gefahren. Das war für die Chauffeuse nicht sehr leicht. Von dort aus zeigte sie uns den speziellen Punkt, wo Captain Cook mit seinem Schiff strandete.

Plötzlich machte die mir von vornherein widerliche dicke Gans mich mit Geschrei auf einen Buschbrand aufmerksam, der exakt am Wege zum Flughafen lag. Vor einem wunderbar blühenden Hibiskusstrauch machte mein Mann von ihr und mir, und natürlich auch von Mango, noch ein Foto. Mango mag ihre uns hysterisch erscheinenden Ausrufe wohl erkannt haben. Er meinte, wir hätten eine Panikstimmung. Wir aber schlenderten indessen, um den Buschbrand abzuwarten, unten die Straße entlang und fotografierten, trotz der schon bald zu erwartenden Stingers und Wasserkrokodile, noch mehrmals Cooks eiserne Statue mit Kanone und verzogen uns dann auf einige weitere Bierchen in „Berliners Pinte"!

Dieses Weib war stets meist nahe an Colins Brust angelehnt und erzählte etwas, was ich natürlich nicht verstand, lachte rauh, beinahe heiser. Eine Stunde später fuhren wir wieder über die rötliche, ungeteerte, geschotterte, staubige Straße zwischen dem dort völlig ausgeschlagenen Busch, und ich verlor mein sonst einstudiertes Lachen, je näher wir dem Flughafen kamen. Meine Erinnerung an Colins Gartenschaukellaube war zu frisch, und die Ungezogenheit dieser üppig gebrüsteten Person ging mir einfach nicht mehr aus dem Kopf. Wir verabschiedeten uns kurz. Meinem Schwager und auch Heinz war mein unfreundliches, leichtes, eher unbeschwertes Lachen wohl klar, aber Larson war noch so gebannt von „Cooks Erinnerungen" und all dem Traum, der sich über und unter dem Helikopter erfüllte, daß er sonst nichts sah.

Ein einfacher Start hob uns in die Höhe in eine schon müder werdende Sonne. Die Männer begannen zu gähnen und leicht einzuschlafen, während ich ständig in Colins Rückspiegel starrte. Er erklärte vieles über die darunterliegenden Inseln, doch keiner nahm Notiz. Manchesmal stupste mich Larson von hinten auf meine Schulter, um meine doch sonst so begeisterungsfähige Geschwätzigkeit anzuregen, aber meine Stille war ihm nicht klar. Schließlich flogen wir aus dem Bereich des Funkers, und Colin erzählte uns, er würde es normalerweise nicht machen dürfen, über das Tal der sogenannten Ausgeflippten, der Hippies, zu fliegen. Dieses sei nur per Helikopter oder über einen langen Buschweg zu erreichen. Aber er flog darüber. Alle Herren wurden plötzlich wieder wach und glotzten sich die Augen aus, als von unten her bunte Tücher wehten, Sprüche laut heraufttönten und Halb- bis Ganzausgeflippte weniger gute Wünsche über unseren Hubschrauber ergehen ließen. Vielleicht erkannten sie auch den Captain Mango — der ihnen viel Gutes tat, oder sie fluchten wirklich.

Wir sind nochmals über Green Island geflogen, doch unser Captain Mango bekam eine Weisung des Funkers. Er machte noch eine kleine Schleife über Trinity Beach — ein flüchtiger Gedanke —, und schon erreichten wir den Flughafen von Cairns. Sein Anflug war freigegeben, er kassierte sein Geld, und wir verabschiedeten uns kühl.

Holloway Beach

An einem sehr heißen Tag wollte Larson nach Holloway Beach fahren, um die Pferde, die man sich für einen Strandritt ausleihen konnte, zu begutachten. Ich selbst konnte zwar ganz gut reiten, hatte aber nicht so rechten Spaß daran. *„Ich schaue mir aber gern die Pferde an“,* sagte ich. *„Kurz vor der Beach gäbe es ein sehr sauberes, empfehlenswertes Pub“,* meint Mr. Ogo, wo man für das Lunch Kleinigkeiten und gutes Bier bekäme. Larson zog seine berühmten Jeans an, nahm alle in Frage kommenden Utensilien wie ein zweites Unter- und Oberhemd mit, falls er die Reiterschwitztour machen wolle. Ich zog vorsichtshalber mein rückenfreies, hellblaues, mit Margariten gesprenkeltes Kleidchen mit dem darunter passenden Bikini an. Und so fuhren wir gespannt zur uns empfohlenen Kneipe. Das Essen war für uns so sattelfest gebraten, daß wir es happenweise unter den Salat schoben. Aber Bier und Wein mundeten uns, was ja in diesem weiten Land und den wenigen Wirtschaften, die keine Licence haben, selten war. Die Liebenswürdigkeit der Bedienung und deren lange blonde Haare ließen Larson ein besonders heißes Lächeln hervorbringen. Ich mochte dies ganz gerne, wenn er mit Kellnerinnen und Schuhverkäuferinnen flirtete. Es brachte jedem etwas, man wurde freundlich bedient, und den Damen gab es eine gewisse Bestätigung für die begleitende „Mannsperson“.

Als wir aufbrachen, ging ich noch schnell auf die Toilette, und als ich zurückkam, saß Colin in Badehose und geöffnetem Hemd am Tresen. Larson war schon aufgestanden und klopfte ihm gerade auf die Schultern und meinte, er wolle einen Ritt entlang des Strandes von Holloway Beach wagen. *„Have a good afternoon, will you also go for riding, Lady?“* – *„Perhaps!“* Wir verabschiedeten uns mit einem *„Cheers“* und einem Augenzwinkern.

Auf dem Platz vor den Pferdekojen war es trotz der Hitze feucht und schmutzig. Die dort zuständige alte Dame, wahrscheinlich die Besitzerin, brachte meinem Mann eventuell passende Stiefel, und ihr Mann, der meinen Mann begleiten sollte, suchte ein harmloses, nicht allzu lebendiges Pferd für ihn aus. Innerlich mußte ich ja lachen, denn keiner konnte ja ahnen, welch besessener Reitersmann er war, und ich hatte nicht die geringste Bange. Wir tranken noch einen Kaffee, und in eineinhalb Stunden wollten sie wieder zurück sein.

„Hast du Langeweile?“ fragte er mich noch. — *„Don't worry, ich schaue mir die Stallungen an.“* Er kannte meine Liebe zur Natur und meine Verträumtheit. — Mit einem Küßchen ließ er mich zurück.

Ich ging mit der Pferdelady durch die Ställe, aber ich fand doch alles zu schmutzig — und die vielen ekeligen Fliegen! Selbst mit dem Zucker in der Hand, um die Pferde zu bestechen, war es mir nicht wohl. Irgendwie hatte ich Angst, obschon ich daheim im Reitklub war.

Plötzlich fühlte ich mich von hinten umfangen, von einer mir ganz bekannten Hand. *„Komm, wir haben wenig Zeit.“* Die alte Frau lachte, weil sie den Vagabunden wohl kannte. *„Ich mache euch den Tee und bringe euch ins Hinterzimmer – Champagner, okay?“* Sie wußte wohl, daß dieser Mango überall seine Verführungskünste spielen ließ. Vom Teeglas schlürfte ich nur, um am Glas mit meinem doch kräftigen Lippenstift Farbe zu markieren. Die Hälfte des Tees schüttete ich ins Becken zurück. *„Den Rest trinke ich kalt, etwas später."*

Das Bett im Nebenzimmer war frisch, und der Ausgang vom Duschraum in eine leere Koje war behutsam hergerichtet. Wir konnten uns auf die Alte verlassen, eine Frau mit Verständnis für die Liebe. Und diesmal empfand ich es als Liebe. Colin ging in die Kammer, die ihm bestimmt nicht unbekannt war, bevor er der Frau einige Scheine zusteckte, und mein Teeglas blieb mit Lippenstift behaftet allein am Tisch. *„Don't worry, ich mache alles allright!"* Colin duschte sich schon, als ich in den geheimnisvollen Schuppen eintrat, riß mir die Kleinigkeiten vom Leib, drängte mich unter die Brause, wusch meine Scham, nahm mich auf die Arme und setzte mich auf das Bett. Er kniete vor mir nieder und küßte mich dort, wo er mich soeben wusch. Ich glaube, daß ich später niemals so französisch geküßt und geliebt wurde als in dieser einen Stunde. Es war ein so angenehmer Ritt, wie ihn Larson dem Strand entlang wahrscheinlich nicht genoß! Jedenfalls kam er kaputt an, denn er mußte auch einige Zeit durch den Busch reiten, was nicht gerade angenehm für ihn war. Mit frisch umgezogenen Hemden sind wir dann fröhlich von Holloway Beach nach Yorkeys Knob zurückgekehrt. Beide waren wir von der Hitze müde und aßen noch Kleinigkeiten in unserem Unit, tranken das restliche Bier und den Wein.

Last Part

Für den vorletzten Tag war Larson von Gerts amerikanischen Freunden zum „Black Marlin"-fishing eingeladen, und so etwas konnte man nicht absagen oder sich entgehen lassen. Die beiden stimmten zu, und da ich inzwischen bei meiner Schwägerin übernachten sollte, bevorzugte ich unseren schon allzu gewohnten Bungalow, unter Aufsicht der Besitzer. Mit der Liebe zu Larson und der innerlichen Freude, daß auch er einmal in Cairns zusammen mit Schwager Gert Fische fangen sollte, ging ich nochmals zum Strand, schlürfte bei Mr. Jongo einen Eiskaffee, nahm irgendwelche alte Illustrierte, die ich nie las, und verabschiedete mich von ihm. *„Sorry, see you again?"* – *„Sure, next year."* – *„Look after yourself, you was so friendly, don't forget Jongo, greetings to your husband!"*

Vielleicht war es die Sonne und deren Wärme, die mir den Gedanken an Flucht gab, an ein doch weniger besteuertes Land — oder einfach das Nichtstun und die Vertraulichkeit sowie die für mich absolut überzeugende, leider nur kurze Geste eines sich mir aufopfernden Mannes, ohne seine mir noch nicht bekannten sich daraus ergebenden Komplikationen zu ersehen. Eines Mannes, der mir das Bewußtsein gab, daß alle Völker ein Herz und eine Seele sind.
Wie aber sollte sich der Gedanke der Erinnerung in meinem Herzen auslöschen lassen? Wie auch in dem meines Lebensretters einprägen? In dieser kurzen Zeit hatten wir uns geliebt und sprachen nie, ob wir in unserem Innersten zufrieden sind. Wir haben uns überhaupt zuwenig befragt, denn ich wußte, daß ich

diesen viel zu hübschen Mann ja wieder verlassen werde. Diese einzige Nacht, wo Larson und Gert draußen beim Fischfang waren, wollten wir benutzen, um ein einziges Mal eine Nacht zusammen zu verbringen.
Ich schwamm vom schon etwas überfluteten Fels von Yorkeys Knob zu ihm in Richtung Busch, wo er mich erwartete. Ich freute mich auf das Alleinsein, mit ihm von der Terrasse aus ins schon bald dunkle Meer blikkend und plaudernd einen langen Abschiedsabend zu feiern.
Das Wasser spülte schon über mein Haar, frisch von Carron gewickelt und mit Vergißmeinnichtkämmchen versehen. Ich sah den weißen Sand unter mir und meinte mich gerettet. Da aber riß mich das schäumende Wasser zurück, und nur noch Colins Arme konnten mich zuerst an den Haaren, dann an den Armen erreichen, um mich an Land zu ziehen. Bewußtlos trug mich Rod, der Gärtner, ins Apartment. Auf dem Floor von seinem und seiner Halbschwester Apartment etwas erwacht, erinnerte ich mich schwach an seinen Bart und seine unaufhörlichen Küsse, die mich wahrscheinlich in meines Herzens Befriedigung leichter an den Sandstrand zogen.

Rod brachte mich hinüber ins Unit, und Mr. Ogo glaubte an meine Tauchergeschichte. Meine Beine zitterten, und ich hatte anhaltende Krämpfe. Colin war nach dieser Taucherrettung dann selbst verschwunden, was mich beinahe die Kraft meines ganzen Körpers kostete, aber Rod meinte *„don't worry"*, als er mich mit seinem verhärmt verbrannten Gesicht nochmals ansah. Er war ein guter Kerl, vielleicht wird man ihn tot oder lebendig an einer von Trinitys Felsklüften wiederfinden.

Trinity! Ich war mit ihm einige Male per Rad dort. Er besuchte stets einen alten nackten Mann, der sich eine Art Zelt am Sandstrand aufgestellt hatte — like a Hippy. Während Colin diesen alten verknöcherten Mann besuchte, bin ich dort geschwommen — er warnte mich noch vor den Stingers, einer Quallenart, die mit ihren peitschenhaften, giftigen Schlägen schwere bis tödliche Verwundungen verursachen können.
Der Mann auf Trinity Beach ist Carrons Vater. Colin soll sie dort bei einem seiner Buschflüge mitgenommen haben, um ihr ein besseres Dasein zu bieten. Colin holte sich dort Marihuana, ich bemerkte es auch, wenn er vom Zelt kam, daß er jedesmal seine Zigarette wegwarf, und dann schmeckten seine Küsse bitterer als die von Larson.
Nun, dann war Carron a Native? Oh Gott, oh Gott, dachte ich mir. Und langsam wurde mir alles klar. — Trinity Beach! Diese schöne Hautfarbe, diese dunklen Augen, diese aufgeschürzten Lippen — sollte eventuell auch Colin?
Rod erkannte meine Gedanken und schüttelte den Kopf. *„Forget it!“* Gut war nur, daß ich diese unvergeßliche Nacht allein war. Ich konnte schon etwas verpacken und mich wieder einigermaßen erfangen, obschon die Zuckungen in meinen Beinen nicht aufhörten.
Zwei Tage später sollten wir nach Darwin fliegen. Als mein Mann von seinem Black Marlin-Ausflug zurückkam, brachte uns Mr. Ogo Mangos und Bananen. Die Coconut-Ernte in seinem Garten konnte ich nicht mehr miterleben, denn Mango kam erst am Wochenende wieder.
Doch niemand von uns wußte, weder Rod der Gärtner noch andere Personen, nur mein Schwager wußte es — was mich wohl wunderte —, daß er gerade zu der

Zeit, als wir bei ihnen zu Besuch waren, ein Haus an der Trinity Beach bauen ließ, wo er doch kurz davor in der City von Cairns ein Haus gekauft hatte. Aber dieses war ja hauptsächlich für den Shop und wegen Alex' Schule. Er wolle an die Beach, sagte er manchesmal, der wortkarge Hamburger. Der Grund für Trinity Beach war, daß dort ein Netz gezogen wird, das bis Yorkeys Knob schon im Bau sei, um die beiden schönsten Buchten vor Haien, großen Fischen und vor allem den gefährlichen Stingers zu schützen und das ganze Jahr über gefahrlos schwimmen zu können.

An jenem Morgen, als Larson noch einmal zu seiner Schwester fuhr, um ihr mein Mißgeschick zu erzählen und um die restlichen gereinigten Stücke abzuholen, erschien bald darauf mein Schwager, während ich am Einpacken war, was mir persönlich ganz ungewohnt war, denn er kam nie ohne seine Frau.

Bei seinem Erscheinen entschloß ich mich gleich, die wahre Geschichte der vorhergegangenen Nacht, mit diesem Lifesafeguard und Buschpiloten, preiszugeben. Er ahnte ja schon seit Fitzroy Island, daß ich in diesen hübschen „fellow" verliebt bin, doch äußerte er sich mir und seiner Familie gegenüber darüber nie. Er war ein feiner ruhiger Mann, der schon allerhand mitgemacht hatte — allein bei seinen Auswanderungsgeschichten vor dreiundzwanzig Jahren drang viel Wehmut durch und auch bei all den später erzählten Geschichten.

„Dont't worry, let's drive us to Trinity Beach, have lunch there, a look after my house und am Strand werden wir nach Mango fragen." – „Er muß tot sein!" – „Nicht unbedingt, denn es könnte möglich sein, daß ihn das in Bau befindliche Netz abgefangen hat und so wird er an einem der Felsen hängen." Ich vertraute ihm und bat ihn, nie darüber zu sprechen.

Trinity war nur sieben Minuten von unserem Strand entfernt. Ich nahm eine Badehose, ein T-Shirt und ein Towel mit, so wir ihn wirklich fänden.
Meine tristen Gedanken waren sofort verflogen, als ich das Zelt wiedersah. Gert und ich gingen hinein, wie zu einem Häuptling mit fragendem Blick. Da lag Mango. *„Mango, Mango"*, stöhnte ich. Er lächelte kaum sichtbar. Gegessen hatte er bestimmt noch nichts. *„Ich gehe ins Haus"*, sagte Gert, als er dessen Gesundheitszustand erkannte, *„und erwarte euch dort, inzwischen kann ich meine eigentlichen Besorgungen tätigen."*

Mango war am Leben, nur aufgrund dieses Auffangnetzes und seiner enormen Kraft zu schwimmen. — Niemand konnte dies ahnen. *„Take a cup of wine, und wirf diese Zigarette weg." – „Thanks."* — Ich küßte ihn heftig vor diesem rotgebräunten Mann, damit wieder Leben in ihn kommt. Er stand schwer auf. Sein Zustand war nicht gut, aber er mußte da hinaus. *„Let's take a swim." – „Nein, danke, ich bin diese vergangene Nacht schon genug geschwommen!" – „Dann gehen wir zu meinem Schwager ins Haus. Hast du etwas gegessen?" – „Something, I think."* — Ich ließ die Badesachen dort, nahm nur das Tuch mit und bedankte mich beim Old-Hippyman. Colin zog eine zimtfarbene lange Hose und ein weißes T-Shirt, das wir dort vorfanden, an. Langsam spazierten wir entlang der gekrümmten Bucht bis zu dem Pfad, der zum Haus meines Schwagers führt. Engumschlungen, erschöpft, doch gerettet. Rod und Carron sollte ich keine Auskunft geben. Rod würde schweigen, wie Gärtner meistens schweigen.
Dann gingen wir hinauf zum Haus. Mein Schwager gab uns ein Bier und ein Sandwich und verabschiedete sich für zwanzig Minuten, um im Drugstore noch

einiges zu besorgen. Er selbst, der eher still war, lächelte und schien sich zu freuen.
Langsam schlürften wir an dem Bier, lehnten an den schon eingebauten, aus Holz gefertigten Küchenmöbeln und starrten, in Erinnerung versunken, hinaus auf den gefährlichen Pazifik. Da küßte mich Mango plötzlich, unerschrocken, lange, und ich fiel vor ihm wie vor einem Heiligtum nieder und fühlte zwischen der zimtfarbenen Hose seine Wiedergeburt. Da öffnete ich zum letzten Mal seinen Reißverschluß und fragte: *„darf ich?“* Ein zimtfarbener, schwarzhaarig umringelter Kater stürzte in meine Mundhöhle, und ich hielt seine beiden wieder zu sich kommenden Früchte fest in meinen Händen. *„Mango, Mango“* —, und er ergoß sich zwischen meinen ihm entgegenkommenden Lippen, und wir küßten uns, bis wir den Wagen anrollen hörten. Ein letztes Mal umarmten wir uns. Mango kam mit uns zurück nach Yorkeys Knob, und genau an der Kurve, wo unser kleiner Park mit den Blüten begann, ließ ihn mein Schwager aussteigen, ohne ein Wort.

Es war der Abschiedstag. Das Bittere und das Süße gaben sich die Hand. Schmerzlich vielleicht verließen wir den kleinen Alex, aber er hatte sich für Christmas bereits zum Skifahren angesagt. Eine kleine Freude für Larson. Susan und Gert würden wir bestimmt ein Jahr später bei uns oder in Australien wiedersehen. Da hatte ich keine Bedenken, weil Larson und Susan Geschwister sind und gerade durch die weite Entfernung irgendwie enger zusammenhalten. Dennoch war es eine wehmütige Stimmung. Meine innersten Gedanken erkannte zumindest Gert. Vielleicht würde er meine Sünde mit einer anderen Sünderin wiedersehen?

Wir flogen gegen Mittag extra nach Darwin, um den Sohn von Papas Chefsekretärin zu begrüßen, der seit einigen Jahren in Australien und zuletzt in Darwin lebte.
Er empfing uns herzlich, zeigte uns sofort den berühmten Hafen, speziell auch sein Segelboot, den Golfplatz und das Innere der Stadt. Für den Abend lud er uns, zusammen mit seiner Freundin, in eines der bestimmt exklusivsten Abendrestaurants ein, und wir speisten „französisch" vom Feinsten.
Nur hatte ich nach dieser peinvollen Nacht noch immer dieses Zittern in den Beinen und die Gedanken bei Colin. Vielleicht war die tropische Luft, deretwegen ich ja die Tabletten nehmen sollte, es aber nicht tat, auch ein wenig schuld daran. Eine Einladung in ein Tanzlokal mußten wir daher absagen, so rücksichtslos es auch schien.

Ich überlebte eine schreckliche Nacht, und in dieser Nacht wurde mir zum erstenmal klar, welch hilfsbereiter, verständiger Mann, meine Hand stets haltend, neben mir als Beschützer lag. Ich fand ihn mehr als nur wundervoll.
Morgens gegen elf Uhr verließen wir — nach einem noch netten Brunch mit dem Sohn von Papas Sekretärin und dessen Freundin — das Hotel. Er brachte uns noch zum Flughafen. Mit der unvermeidlich typisch wienerischen Galanterie verabschiedete er sich, und wir starteten nach Bali.
Ich fühlte mich in Larsons Hand gerettet, nicht überfragt, ganz einfach liebevoll umhütet. — Wohl dachte ich noch an Colin, er war ja mein Lebensretter, und deshalb danke ich ihm.